EL INDICATIVO

M.ª Ángeles Sastre Ruano

EL INDICATIVO

EDICIONES COLEGIO DE ESPAÑA

CENTRO INTERNACIONAL DE ESTUDIO DEL ESPAÑOL

Colección "Problemas fundamentales del Español"

DIRECTORA DE LA COLECCIÓN:

CARMEN HERNÁNDEZ GONZÁLEZ
Profesora de la Universidad de Valladolid

EDICIONES COLEGIO DE ESPAÑA
Institución dedicada al estudio y promoción de la Lengua
y de la Cultura de España e Hipanoamérica
Fundado en 1973
C/.Compañía, 65
Teléfs. (923) 214788
Fax (23) 218791
37008 Salamanca

1.ª edición 1995
© M.ª Ángeles Sastre Ruano
   y Ediciones Colegio de España

ISBN: 84-86408-52-0
Depósito Legal: S. 542-1995

Imprenta CALATRAVA, S.Coop.
        Pol. "El Montalvo" - Calle D - Teléf. y Fax (923) 190213
        37008 Salamanca

Printed in Spain - Impreso en España

A Alberto, que vio la luz cuando este libro

ÍNDICE

Parece evidente que todo arte es el producto de los conflictos entre la realidad y la ficción, entre lo que somos y lo que nos gustaría ser, entre nuestra condición estrictamente humana y nuestro bagaje de sueños, de fantasmas, de deseos más o menos ocultos. Esto creo que lo explica muy bien el verbo. Decimos: *yo soy*, pero eso implica necesariamente un *yo era, yo seré, yo sería, yo hubiera sido*...

Con la red del verbo queremos atrapar el pececillo de nuestra identidad, pero el primer problema es que cada uno de nosotros somos muchos. Yo soy el que *soy*, pero también el que *seré*, el que *fui*, el que *habría sido*.

El verbo es la imagen más elocuente del sueño central de nuestra vida, el tiempo, en cuyo laberinto andamos perdidos desde que nacemos. Es por eso, por las trampas del tiempo, es decir, de la memoria, por lo que la vida y la literatura tan a menudo se confunden.

(L. Landero, "El recetario de Landero" Pérgola, n° 25)

LECCIÓN DE GRAMÁTICA

–¡El verbo no es eso! ... ¡El verbo es lo que yo me sé y lo que irá usted aprendiendo por las señales que yo le vaya dando! ¿Me ha entendido usted bien?.

–Muy bien –respondía la muchacha.

–Pues verá usted ahora lo que es un verbo... y va a servirnos para el caso un trozo de la misma definición (...) Este: "la afirmación o juicio que hacemos de las cosas..." ¿Cuál de estas palabras es el verbo?.

Inés, que no entendía de fingimientos, respondía sin titubear que no lo sabía.

–Pues el verbo es esta palabra: "*hacemos*".

–Y ¿en qué se conoce?.

–Se conoce –respondió Marcones– se conoce... en todo: por de pronto, en que, si la suprimimos, todas las que la acompañan ya no quieren decir nada; después, en lo mucho que pueden variar... *hago, harás, haríamos, hicimos...* De modo que el verbo es la palabra que más varía.

–Entonces –se atrevió a observar Inés–, también es verbo esta otra.

–¿Cuál?.

–Esta: "*la*".

–¡*La*, verbo!.

–¡Como también varía!... –dijo la pobre muchacha para disimular su atrevimiento.

–¿A ver?.

–Creía yo que de su casta eran *los, las, lo, las*, y que esto era variar...

(José Mª de Pereda, La Puchera)

13

INTRODUCCIÓN

El verbo es la categoría o clase de palabras considerada desde siempre como uno de los principales elementos de la comunicación por su gran complejidad y riqueza significativa.

De él se ha venido diciendo a lo largo de la historia de las ideas gramaticales que implica y explica *tiempo*. Y aunque sabemos que el tiempo no es la única categoría expresable por el verbo, también sabemos que es un punto clave en la estructura del sintagma verbal del español.

Sin embargo, en muchas ocasiones una forma verbal determinada puede referirse a tiempos muy distintos, dependiendo del contexto o situación en que ésta haya sido formulada.

El término *tiempo* resulta ambiguo en lo que se refiere al español, ya que con él denominamos, por un lado, cada uno de los subparadigmas que componen la flexión verbal o conjugación, las formas verbales; por otro, la constante y la categoría marcada en las formas verbales y, finalmente, la realidad, el tiempo real, extralingüístico.

La categoría lingüística *tiempo* puede dar lugar a estructuras diferentes en los sistemas verbales de las diversas lenguas. En general, la estructuración se viene haciendo en pasado, presente y futuro, pero esa estructura en realidad no es lingüística, sino que el hablante establece una división del tiempo real, desde su propia existencia, en pasado, presente y futuro. Una conjugación verbal muy simple sería la que reflejara esa misma estructuración, la que poseyera formas específicas para cada una de esas realidades y sólo para ellas. Pero en la práctica no sucede así, y nos encontramos con lenguas que carecen, por ejemplo, de futuro, o, como en el caso del español, que poseen varios pretéritos que se diferencian entre sí por contenidos temporales distintos.

Puesto que tanto el hablante como el mensaje y el acto de comunicación se dan en el tiempo, éste necesita tener algún punto de referencia con el fin de ordenar el mensaje en el tiempo. Generalmente este punto de referencia es el momento del habla y, así, los procesos aparecen distribuidos en *antes*, *en* y *después* de dicho instante.

El pasado no es otra cosa que "un conjunto de huellas memorizadas y actualizadas de algo que ya no es", y el futuro es una pura virtualidad, "la pura esperanza de un posible ser". Es por ello que existen mayores posibilidades de expresar la situación temporal en el pasado que en el futuro. El presente es, teóricamente, "la transición en constante devenir de un acontecimiento que pasa de un no-ser a un dejar-de-ser"[1]. En la práctica ensancha su espacio significativo, usurpando parcelas del pasado y del futuro. Precisamente por ello es el "no tiempo", la unidad no marcada en el decurso temporal.

Hay que señalar que la medición del tiempo en español no es única. Cualquier medición de temporalidades necesariamente ha de ser relativa a un momento o a varios. Resulta evidente que el punto más próximo y conocido por el hablante es el momento de la enunciación, coincidente con su momento vital, lo que justifica que este momento se haya interpretado como eje de la tradicional división del tiempo.

Sin embargo, hay que distinguir varios momentos temporales en la expresión lingüística: el *momento de la enunciación* o alocución, en continuo devenir, al corresponderse

---

[1] Las citas proceden de C. Hernández Alonso, *Gramática funcional del español*, 2ª ed., Madrid, Gredos, 1986, p. 319.

16

con el presente del hablante; el *momento del acontecimiento* y la *perspectiva*, referencia o punto de vista donde se sitúa el hablante para enfocar el enunciado del verbo desde su momento de la enunciación.

En el verbo percibimos, pues, la medida del *acontecimiento* o proceso significativo, que es distinto del *momento de la elocución* y de la *perspectiva* que el hablante adopta para comunicar ese mensaje.

Igualmente se percibe la posible medida del transcurso de un hecho o acontecimiento. Y aun otra posible medida es la relativa a otros momentos y procesos manifiestos en el contexto[2].

Todas estas temporalidades forman una red, un entramado de momentos y perspectivas que dan riqueza significativa al verbo. Y las combinaciones de esos tres puntos temporales son las que dan los diferentes valores específicos a cada una de las formas verbales.

Así, en las oraciones

La gramática castellana de Nebrija **se publica** *en 1492*

y

La gramática castellana de Nebrija **se publicó** *en 1492,*

tanto el *momento de la enunciación* (momento en el que el hablante emite dicho enunciado) como el del *acontecimiento* (1492) son idénticos. La diferencia radica en la *perspectiva*: en el primer ejemplo, el hablante adopta una perspectiva de presente, con la intención de acercar el momento del acontecimiento al momento de la enunciación; en el segundo, la perspectiva es de pasado.

El mismo mecanismo funciona en las oraciones *El próximo verano* **voy** *a verte* y *El próximo verano* **iré** *a verte*, donde son idénticos, también, el momento de la enunciación y el del acontecimiento (*el próximo verano*). Es la perspectiva de

---

[2] Cfr. C. Hernández Alonso, *Op. cit.*, pp. 256-57.

presente que el hablante adopta en el primer ejemplo la que las diferencia, y que tiene la misión de acercar a su momento lo venidero.

Son estos diversos enfoques, estas diferencias de perspectiva, las que hacen que una determinada forma verbal funcione en el decurso de una manera diferente, con características propias en cada caso. Y así, por ejemplo, dentro del sistema verbal del español, en el subsistema correspondiente al indicativo, la forma de presente, *canto*, además de indicar tiempo presente, también hace referencia al pasado (el llamado 'presente histórico') y al futuro (presente con valor de futuro); o la forma verbal del imperfecto (*cantaba*), indica presente en muchas ocasiones (en el llamado 'imperfecto de cortesía', con valor de conato, etc.).

Desde un punto de vista formal, en la conjugación española existen dos tipos de paradigmas temporales: simples y compuestos. Los primeros están constituidos por una única forma, y los segundos consisten en una construcción formada por el verbo *haber* en forma flexiva más el participio del verbo conjugado. El primer verbo funciona como auxiliar, sin autonomía, y es el portador de los morfemas flexivos propios del verbo.

Para algunos gramáticos la distinción es de orden temporal, mientras que para otros se trata de una diferencia que tiene como base el *aspecto*, una de las cuestiones más difíciles y debatidas en el estudio del verbo.

Es una categoría cruzada con la de tiempo, pero reconocible. En síntesis, se trata de una medición del proceso verbal en el tiempo y que está, además, en comunicación con el "modo significativo de la acción" o *aktionsart* -rasgo semántico-, que es la manera como se realiza el proceso verbal, marcado por elementos léxicos, contextuales, relacionales...[3].

Las llamadas formas compuestas forman un subsistema paralelo al de las simples; es decir, que a cada forma flexiva

---

[3] Cfr. C. Hernández Alonso, *op. cit.*, cap. XXIII, pp. 360-379.

del verbo corresponde una compuesta, que significa el resultado del proceso verbal en relación con el tiempo del auxiliar. Se caracterizan por un aspecto *perfectivo* o *perfectivo terminativo* que les presta el participio, cuya inmovilización formal constituye el rasgo fundamental de la unidad sintagmática.

Ante la pregunta ¿cuántos modos existen en español y cuáles son?, las posturas son divergentes: desde los que aceptan seis tiempos-modos hasta los que aceptan solamente dos (indicativo y subjuntivo).

Si entendemos por *modo* la manifestación de la relación hablante-enunciado y la relación que el hablante adopta ante lo que expresa, el Indicativo se caracteriza por ser un modo en el que el hablante emite un determinado enunciado sin añadir ningún rasgo subjetivo, sin tomar parte en el mensaje. No es el rasgo ± realidad un criterio suficiente para definir este modo, sino la relación objetiva que el hablante adopta con respecto al mensaje[4].

La modalidad distintiva de este 'modo' es la lógica o declarativa, aunque ello no impide que en ocasiones ocupe el indicativo modalidades del subjuntivo en unos determinados contextos, precisamente por ser la forma no marcada. De este modo, podemos encontrar un presente de indicativo (*canto*) o un futuro (*cantaré*) señalando una modalidad impresiva-yusiva: *Vas al quiosco y me* **compras** *el periódico*; *No* **robarás**; *No* **codiciarás** *los bienes ajenos*.

Hay, pues, una serie de factores que influyen en la elección de uno u otro *tiempo*: la actitud del hablante ante el mensaje, ante su interlocutor, ante la situación, el motivo por el que enuncia un determinado mensaje, las intenciones expresivas (lo que el hablante quiere hacer con lo que dice en su discurso), etc.

Dentro del sistema verbal del español, el subsistema del indicativo se caracteriza por la presencia de diez formas

---

4 Cfr. C. Hernández Alonso, *op. cit.*, p. 291.

(simples y compuestas), que quedan distribuidas del siguiente modo:

Presente	Pretérito perfecto
Pretérito imperfecto	Pretérito pluscuamperfecto
Pasado simple	Pretérito anterior
Futuro imperfecto	Futuro perfecto
Potencial simple	Potencial compuesto

Nuestro enfoque, de carácter teórico y práctico, tiene en cuenta tres puntos de vista: forma, función y significado, ocupándonos de establecer el sistema o estructura que forman los distintos tiempos del modo indicativo.

Desde un punto de vista formal (estructura y paradigmas), ofrecemos la conjugación regular e irregular de este *modo* describiendo los distintos paradigmas y subparadigmas verbales y estudiando las anomalías que presentan algunos verbos en su flexión. A su vez, proporcionamos los mecanismos necesarios para la formación de cualquier variante flexional de un verbo con el fin que, dado un verbo determinado, puedan establecerse todas sus posibilidades formales y, dada una forma verbal, pueda identificarse a qué forma pertenece. Por la riqueza de formas que ofrece, desde el punto de vista morfológico el verbo es la categoría más compleja.

Atendiendo a los otros puntos de vista, exponemos el funcionamiento del subsistema verbal del indicativo dentro del dinamismo de la lengua (español estándar actual), estableciendo los valores de las formas verbales y los usos y valores secundarios que éstos adquieren en la cadena hablada o decurso, así como la comprensión de un uso concreto de las formas verbales en un determinado momento y lugar, uno de los principales escollos con los que el hablante no nativo estudiante de español se encuentra.

La segunda parte, de carácter práctico, tiene como misión aplicar y comprobar los conocimientos adquiridos. Para ello hemos seleccionado ejercicios diversos (utilización de una determinada forma verbal, bien en situaciones concretas o dentro de un texto y, dado un texto determinado, señalar el valor de determinadas formas verbales), que aparecen resueltos al final.

PRESENTE: *canto*

1. CONJUGACIÓN.

1.1. TERMINACIONES. VERBOS REGULARES.

El presente de indicativo se forma a partir de la raíz del verbo[1], sustituyendo las terminaciones del infinitivo (**-ar**, **-er**, **-ir**, modelos de las tres conjugaciones) por las de las distintas personas.

	terminaciones		
	-AR	**-ER**	**-IR**
yo	-o	-o	-o
tú	-as	-es	-es
él/ella/usted	-a	-e	-e
nosotros/-as	-amos	-emos	-imos
vosotros/-as	-áis	-éis	-ís
ellos/-as/ustedes	-an	-en	-en

1 En ella están integrados todos los morfemas léxicos y actúa como soporte del significado fundamental del verbo.

Ejemplos:

CANTAR	BEBER	ESCRIBIR
canto	bebo	escribo
cantas	bebes	escribes
canta	bebe	escribe
cantamos	bebemos	escribimos
cantáis	bebéis	escribís
cantan	beben	escriben

Observaciones:

1. En los tres tipos de conjugación (-ar, -er, -ir), la desinencia de primera persona (*yo*) es la misma: **-o**.

2. El acento recae en la raíz en todas las personas excepto en la primera y segunda de plural, que recae en la terminación.

3. Las desinencias de los verbos pertenecientes a las conjugaciones en **-er** y en **-ir** se diferencian solamente en la 1ª y 2ª persona de plural, precisamente en las mismas en las que el acento recae en la terminación.

1.2. VERBOS IRREGULARES.

Existe una conjugación *irregular* cuando el verbo o verbos implicados presentan anomalías en algunas de sus formas. En español son regulares, por ejemplo, *cantar, beber, escribir,* frente a *jugar, tener o reír,* que son irregulares.

Las irregularidades se producen en la raíz del verbo.

1.2.1. IRREGULARIDADES VOCÁLICAS.

Cuando el acento tónico recae sobre la última vocal de la raíz, hay un elevado número de verbos que sufre una alteración en esta vocal.

1.2.1.1. **Diptongos.**

En muchos casos, la vocal que sufre alteración se transforma en un diptongo. Cuando sucede así, las vocales diptongan de la siguiente manera:

$$e \rightarrow ie$$
$$o \rightarrow ue$$
$$u \rightarrow ue \text{ (sólo en } jugar)$$
$$i \rightarrow ie$$

Ejemplos:

* $\boxed{e \rightarrow ie}$

QUERER	ACERTAR
quiero	acierto
quieres	aciertas
quiere	acierta
queremos	acertamos
queréis	acertáis
quieren	aciertan

Alteraciones del mismo tipo las sufren los verbos *alentar, apretar, arrendar, atravesar, calentar, cerrar, comenzar, confesar, despertar, empezar, recomendar, fregar, gobernar, merendar, negar, denegar, nevar, pensar, regar, sembrar, sentar, tropezar, temblar, perder, ascender, descender, defender, encender, tender, atender, entender, extender, discernir, concernir,* etc.

* $\boxed{o \rightarrow ue}$

PODER	VOLAR
puedo	vuelo
puedes	vuelas
puede	vuela
podemos	volamos
podéis	voláis
pueden	vuelan

Los verbos siguientes, entre otros, sufren alteraciones de este tipo: *acordar, acostar, almorzar, apostar, asolar, avergonzar, colar, consolar, costar, forzar, mostrar, probar, aprobar, comprobar, recordar, rodar, rogar, soltar, sonar, resonar, tronar, volcar, volver, doler, moler, disolver, resolver, devolver, torcer, morder, llover, mover, conmover, promover, dormir.*

* u → ue

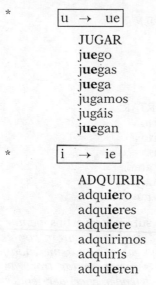

JUGAR
j**ue**go
j**ue**gas
j**ue**ga
jugamos
jugáis
j**ue**gan

* i → ie

ADQUIRIR
adqu**ie**ro
adqu**ie**res
adqu**ie**re
adquirimos
adquirís
adqu**ie**ren

Esta irregularidad se manifiesta también en los verbos terminados en *-irir*.

1.2.1.2. Verbos con otras alteraciones vocálicas.

| e → i | En verbos de la tercera conjugación (-ir).

Ejemplos:

PEDIR	SEGUIR	VESTIRSE
pido	sigo	me visto
pides	sigues	te vistes
pide	sigue	se viste
pedimos	seguimos	nos vestimos
pedís	seguís	os vestís
piden	siguen	se visten

Otros verbos del mismo tipo: *conseguir, competir, corregir, despedir, elegir, medir, impedir, perseguir, repetir, reír, servir, teñir*.

Pero no todos tienen este comportamiento. Algunos de ellos diptongan:

SENTIR	PREFERIR
siento	prefiero
sientes	prefieres
siente	prefiere
sentimos	preferimos
sentís	preferís
sienten	prefieren

*

| o → u | Solamente en el verbo *podrirse* (me pudro, te pudres, se pudre, nos podrimos, os podrís, se pudren).

1.2.2. VERBOS CON PRIMERA PERSONA IRREGULAR.

Un grupo limitado de verbos presenta irregularidades propias tan sólo en la primera persona, conjugándose de manera regular el resto de las personas.

Las irregularidades más frecuentes son:

| C → G | HACER: hago, haces, hace, ... |

Otros: *deshacer, satisfacer, rehacer.*

| C → ZG | PARECER: parezco, pareces, parece... |

Otros: Verbos terminados en *-acer, -ecer, -ocer, -ucir (nacer, conocer, reconocer, desconocer, aducir, conducir, deducir, introducir, producir, reducir, traducir, complacer).* En ellos se añade un sonido velar oclusivo sordo [k] entre la raíz y la terminación (-*o*).

| N → NG | PONER: pongo, pones, pone, ... |

Otros: *anteponer, componer, contraponer, disponer, exponer, imponer, interponer, oponer, posponer, proponer, reponer, suponer, descomponer, presuponer, tener, abstenerse, contener, detener, entretener, mantener, obtener, retener, sostener, venir, convenir, devenir, intervenir, prevenir.*

| L → LG | SALIR: salgo, sales, sale, ... |

Otros: Verbos terminados en *-alir* y *-aler (sobresalir, valer).*

| S → SG | ASIR: asgo, ases, ase, asimos, asís, asen. |

| ADICION DE -IG- | CAER: caigo, caes, cae, ... |

Otros: *oír, traer.*

| U → UY | HUIR: huyo, huyes, huye, huímos, huís, huyen. |

1.2.3. Verbos con alteraciones vocálicas y con primera persona irregular. Alternancia vocálica y variación consonántica.

Un grupo reducido de verbos presenta conjuntamente los dos tipos de irregularidades que hemos visto hasta aquí: tienen una forma con irregularidad propia en la primera persona y alguna alternancia vocálica.

Ejemplos: DECIR (E→I + C→G): digo, dices, dice, decimos, decís, dicen.

VENIR (E→IE + N→NG): vengo, vienes, viene, venimos, venís, vienen.

TENER (E→IE + N→NG): tengo, tienes, tiene, tenemos, tenéis, tienen.

CABER (AB→EP): quepo, cabes, cabe, cabemos, cabéis, caben.

1.2.4. Un grupo de verbos de la tercera conjugación, cuya raíz termina en vocal, mantienen una **i** entre la raíz y las terminaciones cuando el acento recae en la raíz (es decir, en todas las personas excepto *nosotros* y *vosotros*). Debido a reglas fonéticas y ortográficas, esta **i** se transforma en **y** por ser átona y estar en posición intervocálica.

Ejemplos: HUIR: huyo, huyes, huye, huimos, huís, huyen.

CONCLUIR: concluyo, concluyes, concluye, concluimos, concluís, concluyen.

INSTRUIR: instruyo, instruyes, instruye, instruimos, instruís, instruyen.

En este grupo hay que incluir el verbo *oír*, que presenta también irregularidad propia en la forma de primera persona: *oigo, oyes, oye, oímos, oís, oyen.*

1.2.5. VERBOS CON IRREGULARIDADES DE ACENTO.

Determinados verbos en -*iar* y -*uar* presentan una particularidad: el diptongo final en todas las personas en las que el acento recae sobre la raíz se deshace y lleva acento gráfico.

Ejemplos: DESAFIAR: desafío, desafías, desafía, desafiamos, desafiáis, desafían.

DESVIRTUAR: desvirtúo, desvirtúas, desvirtúa, desvirtuamos, desvirtuáis, desvirtúan.

Pero esto no ocurre en todos: algunos de ellos mantienen el diptongo final, y el acento recae sobre la sílaba anterior.

Ejemplos: COPIAR: copio, copias, copia, copiamos, copiáis, copian.

AVERIGUAR: averiguo, averiguas, averigua, averiguamos, averiguáis, averiguan.

1.3. VERBOS CON IRREGULARIDADES PROPIAS.

Muy escasos, los principales son:

SER	ESTAR	HABER	SABER	IR	DAR
soy	estoy	he	sé	voy	doy
eres	estás	has	sabes	vas	das
es	está	ha	sabe	va	da
somos	estamos	hemos	sabemos	vamos	damos
sois	estáis	habéis	sabéis	vais	dais
son	están	han	saben	van	dan

2. USOS.

Significativamente es la forma verbal más amplia; incluso se le ha llegado a denominar el "architiempo" del indicativo. El ser el tiempo más neutro de todo el sistema verbal explica su multitud de usos y valores especiales, motivados por la situación y por los usos sintácticos y léxicos que lo acompañan. Desde un punto de vista teórico, el presente es un instante constantemente cambiante e inasible. En el decurso extiende su significación, pudiendo expresar, además de acciones actuales, acciones pasadas, futuras, atemporales, habituales, órdenes...

Podemos distinguir los siguientes usos:

1. CON VALOR DE 'PRESENTE':

–**Presente actual**: Indica la acción o proceso que tiene lugar en el momento en que el hablante emite un enunciado. Existe coincidencia entre el tiempo de la acción y el de su formulación lingüística, aunque la coincidencia no tiene que ser rigurosa necesariamente. Poco frecuente, para expresar este valor se prefiere la perífrasis *estar + gerundio*.

–¿Qué ves ahora? (= *estás viendo*).
–Ahora veo un triángulo (= *estoy viendo*).
Juan lee en este momento la prensa (= *está leyendo*).
¿Qué *dibujas*?.
El reloj de la catedral *da* las doce.
Laudrup *pasa* la pelota a Romario, este *lanza* a la portería y ... ¡gol del equipo azulgrana!
¡Qué calor *hace* aquí!

–**Durativo**: Expresa una permanencia que incluye el tiempo actual. Para expresar esta duración transitoria podemos utilizar también la perífrasis *estar + gerundio*.

Juan *estudia* este año en Estados Unidos (= *está estudiando*).
Estamos en primavera.

2. CON VALOR DE 'PASADO':

–**Presente histórico**: Se utiliza en la narración de hechos pasados, actualizándolos en la mente del que habla y en la del interlocutor, acercándolos de forma ficticia al momento del habla. Da vida y fuerza a lo narrado. Tiene el efecto de un *zoom* cinematográfico: nos aproxima un hecho, una realidad distante en el tiempo.

Cuando hacemos uso de esta forma con este valor, otros elementos de la oración tienen que marcar claramente que estamos refiriéndonos al pasado.

> Colón *descubre* América en 1492.
> La caída del imperio romano *se produce* en el 476 d.c.
> Carlos I *nace* en Gante en 1500.
> A principios de siglo los intelectuales *luchan* por sacar a España de su atraso.

Este uso es frecuente también en la lengua ordinaria. El hablante se muestra como testigo de una situación que se vuelve a crear. Si utilizáramos el pasado simple (*canté*), el resto de los acontecimientos pasados no tendría ningún tipo de efecto expresivo:

> Ayer, *voy* a coger el coche y veo que no está donde lo había dejado.
> Hace unos días salgo de casa y me encuentro con Miguel... nos damos la mano, charlamos un poco, y entonces él va y me coge del brazo y me *lleva* hasta un bar...

3. CON VALOR DE 'FUTURO':

–Equivale a un futuro. Se utiliza para designar acciones venideras, para anunciar cosas programadas, planeadas o que van a llegar de modo natural. Es un procedimiento para acercar el futuro al momento del hablante. Suele ir reforzado con alguna expresión o elemento que indique futuro.

Mañana *voy* a Madrid.
El próximo sábado *estrenan* tu obra.
Este verano *voy* a verte.
Dentro de una semana *terminan* las vacaciones.

–Expresa **futuro inmediato** precedido de adverbios o locuciones adverbiales del tipo *enseguida, ahora (mismo), dentro de poco, en un momento, en un minuto,* ... En su uso está implícita la firme resolución del sujeto.

En dos minutos *estoy* aquí.
Enseguida *comemos.*
Ahora mismo te *llamo.*
Dentro de poco *llega* el Presidente.

–**De aprobación o permiso**: Cuando en una oración con forma interrogativa queremos pedir permiso o solicitar una instrucción, necesitamos utilizar el presente.

¿*Cierro* la puerta?
Cuando lo vea, ¿le *entrego* los documentos?
Entonces, ¿Qué *hacemos*?
¿*Voy* o no *voy*?
¿Le *digo* que pase?

–Se utiliza también para referirse a acciones cuya realización futura ha sido fijada ya de antemano.

Esta noche *entrevistan* al Presidente en la televisión.
El día 24 *comienza* el Congreso.
El avión *sale* a las cuatro y cuarto.

–Cuando el hablante pregunta por una **acción que hay que emprender**.

Después de pintar las flores, ¿qué *hago*?
(a un niño) ¡A ver cómo *te portas* en casa de los abuelos!

–En **estructuras condicionales** introducidas por *si*:

a) En la cláusula condicional o condicionante (parte encabezada por *si*, bien al principio o al final de la estructura): *Si lo encuentras, cómpralo* (no *si lo encontrarás*); *si vie-*

nes a verme, te lo doy (no **si vendrás...*). En español moderno no nos encontramos un futuro seguido del *si* condicional, frecuente en español antiguo hasta el siglo XIV y esporádico hasta la primera mitad del siglo XVI.

b) En la oración 'principal' o condicionado, aunque no necesariamente (puede alternar con el futuro):

Si no llueve, *vamos/iremos* al campo.
Si hay huelga mañana, no *vamos/iremos* a clase.
Si te portas mal, no te *llevo/llevaré* al cine.

4. OTROS USOS DE ESTA FORMA VERBAL:

–**Presente habitual, cíclico**: Expresa acciones que no solamente se producen en el momento en que hablamos, sino que la acción es presentada como usual y acostumbrada (actos que se han producido antes y se producirán después). Tiene sentido de pasado + presente + futuro. Se trata de señalar que la acción ha venido realizándose desde el pasado y se seguirá realizando en el futuro.

En el decurso aparece acompañado de expresiones distributivas del tipo *a menudo, cada semana, los lunes, a primeros de mes, todos los días, siempre que, cada vez que*, etc.

Siempre *leo* antes de dormirme.
Yo *duermo* siempre profundamente.
Toisha los martes y los miércoles *se recoge* la mata de pelo, no *se perfuma, se pinta* poco, *va* de medio tacón y *camina* con el mirar fijo en el empedrado. *(Cela)*
Voy a clase de inglés los jueves y los viernes.
Don Roque, cuando está en Madrid, *vive* en una fonda de la calle del Príncipe.
Los días de diario *desayuno* café con leche y tostadas, pero los domingos *desayunamos* chocolate con churros.

–**Presente gnómico, permanente, general**: Para enunciar juicios fuera de todo límite temporal. Es el propio contenido informativo de la frase el que confiere valor intemporal a la forma verbal de presente. Utilizado en máximas, definiciones, proverbios, aforismos, refranes, sentencias, enunciados científicos y expresiones que poseen valor universal, tiene, por su carácter abstracto, valor de experiencia, y sus aseveraciones se formulan al margen del tiempo.

Más *hace* el que quiere que el que sabe.
Al que *tiene* mujer hermosa, o castillo en frontera o viña en carretera, nunca le *falta* guerra.
Los insectos *son* animales invertebrados.
El triángulo *tiene* tres lados.
Dos y dos *son* cuatro.
Los ruiseñores *trinan*.

–Cuando queremos expresar algo que pertenece a nuestra experiencia personal, utilizamos el presente con **valor empírico**:

El queso me *sienta* mal.
No me *gustan* las películas de ciencia-ficción.
Cuando llueve, *me apetece* salir a la calle y mojarme.

–**Con valor de mandato**: Utilizado para dar órdenes, con él sustituimos a veces al imperativo, enunciando la orden de manera menos tajante.

Vas a la panadería y *traes* dos barras de pan (por *Vete a la panadería y trae*...).
Te marchas ahora mismo porque lo digo yo.
¡Tú *te callas*!.
Te *pasas* por su casa y *miras* si está.
¡Anímate!. *Sales* a pasear y *tomas* algo por ahí.

– Presente '**de conato**': Expresa acciones que están situadas en el pasado pero que no llegan a realizarse. Casi siempre va precedido de las locuciones adverbiales *por poco, a poco más, a poco, casi,* ...

Por poco no *vengo*.
A poco más te *quedas* sin helado.
A poco *tiro* el jarrón.
(Después de pisar una cáscara de plátano) Casi *me caigo*.

–Podemos utilizar el presente para la descripción. Nos encontramos entonces ante un presente descriptivo:

> Llega Merlo a la hora consabida y puntual. *Viste* un traje de dril, color garbanzo; zapatos de lona. *Entra* con la chaqueta y el cuello desabotonados. Por el descote de la camisa *asoman*, negras, flamígeras y culebreantes hebras de cabello, porque el abogado es hombre de pelo en pecho.
>
> *(R. Pérez de Ayala)*

> Entre el Cabo de Gata y Garrucha *media* una distancia de casi un centenar de kilómetros de costa árida y salvaje. (...) *Hay* acantilados, rocas, isletas, calas. La arena *se escurre* con suavidad entre los dedos y el mar azul *invita* continuamente al baño.
>
> *(J. Goytisolo)*

–¿Cómo es tu apartamento?.
–Verás: *Está* situado en un ático, por eso *es* muy luminoso. *Tiene* dos habitaciones, cocina y baño. El salón *da* a la calle, y el dormitorio *está* orientado hacia el sur, por eso *es* más cálido.

PRETÉRITO IMPERFECTO: *cantaba.*

1. CONJUGACIÓN

1.1. TERMINACIONES. VERBOS REGULARES.

Para conjugar los verbos en pretérito imperfecto de indicativo se añaden a la raíz del verbo las terminaciones de cada persona.

	terminaciones	
	-AR	**-ER/-IR**
yo	-aba	-ía
tú	-abas	-ías
el/ella/usted	-aba	-ía
nosotros/-as	-ábamos	-íamos
vosotros/-as	-abais	-íais
ellos/-as/ustedes	-aban	-ían

Ejemplos:	CANTAR	BEBER	ESCRIBIR
	cant**aba**	beb**ía**	escrib**ía**
	cant**abas**	beb**ías**	escrib**ías**
	cant**aba**	beb**ía**	escrib**ía**
	cant**ábamos**	beb**íamos**	escrib**íamos**
	cant**abais**	beb**íais**	escrib**íais**
	cant**aban**	beb**ían**	escrib**ían**

Observaciones:

1. Las desinencias para los verbos de la 2ª y 3ª conjugación son idénticas.
2. Ningún verbo presenta alteraciones en la raíz. El acento siempre recae sobre las terminaciones.

1.2. VERBOS IRREGULARES.

Son solamente tres:

SER	IR	VER
era	iba	veía
eras	ibas	veías
era	iba	veía
éramos	íbamos	veíamos
erais	ibais	veíais
eran	iban	veían

2. USOS.

Expresa una acción pasada cuyo principio y cuyo fin no nos interesan; solamente se atiende al transcurso de la acción, sin prestar atención a sus límites temporales.

Por su carácter inacabado, por su imperfectividad, por su cursividad (visión del hecho en su desarrollo), tiene una mayor duración que los demás pretéritos, reforzando la 'imperfección' con verbos permanentes (*Trabajaba con gusto*) y traspasando la frontera del presente del hablante y significando en el futuro (*De buena gana me iba contigo luego*). También tiene usos frecuentes en relación con el presente (para suavizar ciertas peticiones, afirmaciones, etc.)

Es utilizado en descripciones (**imperfecto descriptivo**), precisamente por su gran amplitud, situándose dentro de él otras acciones pasadas:

En el fondo del laberinto *cantaba* la fuente como un pájaro escondido, y el sol poniente *doraba* los cristales del mirador donde nosotros *esperábamos*.

(Valle Inclán)

En el fragmento siguiente, A. Palacio Valdés describe una casa asturiana:

> La casa vivienda *era* pobre, vieja y no muy amplia. Sin embargo, *tenía* lo que presta a las casas de los labradores asturianos mucho atractivo: una solana cuadrada abierta solamente por uno de los lados. (...) A los dos lados de esta pieza *había* dos buenos cuartos; en uno *dormía* el matrimonio y en el otro la hija. (...) La casa *contaba*, además, *con* vasto desván, que en ciertas épocas del año *se hallaba* repleto de ristras de maíz. (...) La gran cocina *tenía* un lar que *levantaba* medio metro del suelo.

(A. Palacio Valdés, Sinfonía pastoral)

–Indica también **reiteración en el pasado, acciones habituales en el pasado**. Se refiere siempre a una acción repetida por norma o hábito del sujeto. En el decurso suele ir acompañado de expresiones temporales que marcan la repetición, lo cíclico: *todos los días, siempre, cada día, una vez a la semana, frecuentemente, corrientemente*. Si el pretérito imperfecto fuera sustituido por otro pretérito, indicaría que cada una de las acciones solamente se produjeron una vez[1]

Si decimos de alguien que *dormía* en sus viajes en hoteles de lujo, no significa que el protagonista pasara sus viajes en permanente sueño, sino que, al llegar la hora de dormir, lo hacía en hoteles de lujo. No pretendemos expresar una duración continua, sino un hábito o costumbre de asiduidad en

---

[1] Podemos encontrarnos con expresiones del tipo *Siempre fue un buen chico* o *Sus padres siempre se portaron bien con él*, con una doble interpretación: a) que el sujeto está muerto; b) que en todas las ocasiones puntuales y pasadas en las que hubo que 'demostrar' algo (ser un buen chico, portarse bien), hubo un cumplimiento por parte del sujeto.

los actos referidos por el verbo. Y así tenemos que interpretar los ejemplos siguientes:

Se lavaba los dientes después de comer.
Salíamos de paseo todos los jueves.
Tomaba café con su jefe en el bar de la esquina.
Durante el curso *me levantaba* a las siete e *iba* a trabajar.

Puede ser sustituido por el verbo *soler* en imperfecto: *solía* + infinitivo:

Todos los jueves *solíamos* salir de paseo.
Durante las vacaciones *solía* leer a los clásicos.

–Verbos del tipo *morir, disparar, explotar, chocar, estallar, entrar, salir,* etc. son, por la naturaleza de sus significados, perfectivos o instantáneos. Como consecuencia de la concurrencia de la condición perfectiva del significado y la imperfectiva del tiempo, las formas del pretérito imperfecto de estos verbos pueden adquirir un **valor iterativo** o de repetición:

El perro *ladraba* sin parar.
La gente *entraba* sin cesar en el laberinto.
El cañón *disparaba* sin cesar día y noche.

Se trata, en este caso, de ladridos, entradas y disparos repetidos, no de larga duración.

–Con el **imperfecto de conato** se expresan a veces acciones que no llegan a realizarse, que eran una simple intención:

Salía cuando llegó mi hermano. (La salida no se había efectuado; era una disposición)

Con este valor, esta forma puede sustituirse por '*estaba a punto de salir*', '*tenía la intención de salir*', '*iba a salir*'. El ejemplo anterior resulta ambiguo si, además, contemplamos la forma verbal *salía* como acción en desarrollo (*estaba saliendo*). Para darle un sentido u otro hay que tener en cuenta el contexto en el que dicho enunciado tiene lugar. Solamente podremos intepretar esta forma como 'de conato' cuando la acción que va a realizarse queda interrumpida, no se realiza:

–¿Estás ya preparada?
–Sí, *salía* en este momento. *(Tenía la intención de salir, iba a salir).*
Me encuentras de milagro, pues ya *salía.*
Llega usted a tiempo, porque *íbamos* a cerrar.
El enfermo *se moría*, pero la medicina lo salvó.

–El **imperfecto de cortesía**, con marcado valor de presente, hace que las peticiones, los ruegos, se sientan como más amables que si fueran enunciados en presente, haciendo depender su realización de la voluntad de nuestro interlocutor.

–¿*Qué quería* usted? (= ¿*qué quiere...*?).
–*Quería* preguntar si ya han recibido mi solicitud. (= *quiero preguntar...*).
Quería pedirle un aumento de sueldo.
Sólo *venía* a despedirme.

–También es indicador de una **acción simultánea a otra**:

Hablaba por teléfono mientras comía.
Estudiaba mientras veía la televisión.

–Y de una **acción continua cuando se realiza otra**:

Llovía cuando llegaron.

Pero ya, mientras *se secaba* y *se vestía,* no pudo volver a pensar más que en Gloria.

(C. Martín Gaite)

–Con **valor de futuro en relación con el pasado,** equivale al condicional *(cantaría),* sobre todo en la lengua coloquial:

Me dijo que *venía* hoy. (= *Me dijo que vendría hoy*).

–Puede expresar **sorpresa en el presente:**

–¡Ah! ¿Pero tú *estabas* aquí? (acabo de descubrir que estás aquí).

–En el habla popular-coloquial es frecuente que el imperfecto a): **sustituya al condicional** (*cantaría*) en la oración principal o condicionado de las estructuras condicionales (parte que no va precedida por *si*), y b): al **imperfecto de subjuntivo** (*cantara, cantase*) en los condicionantes introducidos por *si*:

a) Si tuviera dinero, *me compraba* un coche.
b) Si *tenía* dinero, *me compraba* un coche.
a) Si me lo propusiera, *aceptaba* sin pensarlo dos veces.

–Igualmente ocurre en **oraciones concesivas**, pero sólo en el apartado a):

Aunque me lo pidiera de rodillas, no *me quedaba* aquí. (*por quedaría*).
Aunque fuera más pobre que una rata, *me casaba* con él.

–Como presente, con un clarísimo **valor hipotético imaginativo** nos lo podemos encontrar en el lenguaje infantil:

–Vamos a jugar a las mamás; yo *era* la mamá y tú la hija, ¿vale?
–Jugaremos a buenos y malos; yo *era* el bueno y tú *eras* el malo.

–Sustituyendo al pasado simple (*canté*), puede aparecer al comienzo de un relato. Nos referimos al llamado **imperfecto 'de apertura'**:

El día 24 de agosto, a las 10 de la mañana, las tropas del enemigo *penetraban* en la fortaleza (=*penetraron*).
Había una vez un rey que tenía tres hijas.
Erase una vez un matrimonio muy pobre... (al comienzo de un cuento).

–Tras uno o varios pasados simples se puede emplear el imperfecto denominado **'de cierre'**, como efecto estilístico:

Nos llamó por teléfono y, poco después, se *presentaba* en casa (= se *presentó*).

Cenamos en un parador; Carmina quiso que descansáramos allí, pero yo me empeñé en seguir el viaje y, dos horas más tarde, *llegábamos* (= *llegamos*) a Córdoba.

Después de intentarlo repetidamente, *conseguía* (= *consiguió*) su objetivo.

–Expresa también la contrariedad del hablante porque, a la acción favorable del imperfecto, corresponde otra desfavorable. Nos referimos al llamado **imperfecto 'de contrariedad'**.

Ahora que *me sentía* mejor, me llaman para operarme. Hoy que *no tenía* preparado el tema, el profesor me saca a la pizarra.

PASADO SIMPLE: *canté*.

1. CONJUGACIÓN.

1.1. VERBOS REGULARES.

Para conjugar un verbo regular en pasado simple o pretérito indefinido se sustituyen las terminaciones *-ar, -er o -ir* del infinitivo por las de las respectivas personas.

	terminaciones	
	-AR	**-ER/-IR**
yo	-é	-í
tú	-aste	-iste
él/ella/usted	-ó	-ió/vocal+yó
nosotros/-as	-amos	-imos
vosotros/-as	-asteis	-isteis
ellos/-as/ustedes	-aron	-ieron/vocal+yeron

Ejemplos:

CANTAR	BEBER	ESCRIBIR	LEER
canté	bebí	escribí	leí
cantaste	bebiste	escribiste	leíste
cantó	bebió	escribió	leyó
cantamos	bebimos	escribimos	leímos
cantasteis	bebisteis	escribisteis	leísteis
cantaron	bebieron	escribieron	leyeron

Observaciones:

1. Los verbos de la 2ª y 3ª conjugación poseen terminaciones idénticas.
2. Las formas de la segunda persona no presentan el elemento -*s*, característico de esta persona en el resto de los tiempos. Pero en el uso corriente, aunque el fenómeno no está aceptado socialmente, se observa una tendencia a la regularización de este fenómeno: los hablantes añaden una -*s* final a la forma de 2ª persona de singular.
3. En los verbos de la 2ª y 3ª conjugación cuya raíz termina en vocal, la *i* de las formas de tercera persona (singular y plural) se transforma en *y*.
4. El acento recae siempre en las desinencias, lo que evita crear confusiones en formas de 1ª, 2ª y 3ª persona de singular de otros tiempos (ej.: *canto/cantó*).
5. En los verbos de la 1ª y 3ª conjugación las formas de 1ª persona de plural (nosotros) son idénticas a las del presente de indicativo. Como es el contexto el que determina si se trata de presente o de pasado, los casos de ambigüedad son raros.

1.2 Verbos con irregularidades vocálicas.

En los verbos pertenecientes a la tercera conjugación en cuya raíz existe una vocal *e* o una *o*, éstas cambian a *i*, *u*, respectivamente, en las formas de tercera persona (singular y plural). La conjugación es regular en el resto de las personas.

Ejemplos:	PEDIR	REPETIR	DORMIR
	pedí	repetí	dormí
	pediste	repetiste	dormiste
	pidió	repitió	durmió
	pedimos	repetimos	dormimos
	pedisteis	repetisteis	dormisteis
	pidieron	repitieron	durmieron

1.3 VERBOS CON IRREGULARIDAD PROPIA.

Muchos verbos irregulares tienen una raíz irregular para esta forma y unas terminaciones específicas.

1.3.1. TERMINACIONES.

yo	-e
tú	-iste
él/ella/usted	-o
nosotros/-as	-imos
vosotros/-as	-isteis
ellos/-as/ustedes	-ieron/j + -eron

Observaciones:

1. Los verbos cuya raíz específica para esta forma termina en *-j* tienen en la forma de 3ª persona de plural (ellos/ -as/ustedes) la terminación *-eron* en vez de *-ieron*.

1.3.2. RAÍCES IRREGULARES.

A continuación ofrecemos una lista de los verbos irregulares más frecuentes con sus respectivas raíces irregulares. A estas raíces hay que añadir las terminaciones presentadas en el cuadro anterior.

traer	→	tra**j**-	caber	→	**cup**-
decir	→	di**j**-	estar	→	est**uv**-
hacer	→	hic/**z**-	haber	→	**hub**-
querer	→	qu**is**-	poder	→	**pud**-
venir	→	v**in**-	poner	→	**pus**-
andar	→	and**uv**-	saber	→	**sup**-
tener	→	t**uv**-			

A estos hay que añadir los verbos en *-ucir → -duj-* (*conducir → conduj-, producir → produj-, traducir → traduj-, deducir → deduj-*).

Ejemplos:

Infinitivo	DECIR	PODER	QUERER
Raíz irregular	**dij-**	**pud-**	**quis-**
Verbo conjugado	dije	pude	quise
	dijiste	pudiste	quisiste
	dijo	pudo	quiso
	dijimos	pudimos	quisimos
	dijisteis	pudisteis	quisisteis
	dijeron	pudieron	quisieron

1.4. VERBOS TOTALMENTE IRREGULARES.

No siguen las terminaciones presentadas hasta aquí. Los principales y de mayor uso son *dar, ser, ir* y *ver*.

DAR	SER/IR	VER
di	fui	vi
diste	fuiste	viste
dio	fue	vio
dimos	fuimos	vimos
disteis	fuisteis	visteis
dieron	fueron	vieron

Observaciones:

1. Los verbos *ser* e *ir* poseen idénticas formas. Es el contexto el que aclara de cuál de ellos se trata.

2. USOS.

Expresa acciones ya terminadas en el pasado, que no guardan ninguna relación con el presente del hablante. No atiende de modo especial al inicio, al desarrollo ni a la culminación de la acción. La considera en su totalidad y en su unidad. Cuando el hablante utiliza esta forma se limita a contar de manera estricta los hechos, sin intento de crear ningún tipo de perspectiva.

En el contexto va matizado por unidades temporales que indican tiempo pasado más o menos largo y que excluyen el tiempo en que se habla: *ayer, anoche, hace una semana, el mes pasado, en 1936*, etc. Difícilmente puede emplearse este tiempo con unidades temporales que se refieren a momentos no acabados o a un período de tiempo que termina en el momento de la enunciación (como por ejemplo *todavía*).

Ayer *fuimos* a ver a mis primos.
Cientos de aviones *fueron* expulsados por Francia en la década pasada.
Se aprobó ayer en Barcelona un documento por el que serán reguladas las prácticas en empresas.
El mes pasado *estuvieron* en Sevilla.
¿*Saliste* con Luis anoche?

Es el tiempo idóneo para la narración de momentos pasados, cuando traemos a nuestra mente recuerdos de acontecimientos que nos han dejado huella. Suele combinarse con el pretérito imperfecto para contraponer, a lo largo del texto, los elementos narrativos (en pasado simple) y los descriptivos (en pretérito imperfecto):

> Una descarga eléctrica nos *recibió; silbaron* las balas en nuestros oídos; *respiramos* un aire cargado de humo de pólvora y de papeles quemados; *cayeron* diez, doce, quince caballos y jinetes de los nuestros. Sus cuerpos *nos impidieron* seguir adelante; *hundimos* las espuelas en los hijares de los caballos; era inútil; al pasar la nube de humo *nos vimos* lanzados por la tangente.
>
> *(P. BAROJA, El Escuadrón del Brigante)*

Cuando *volví* a ver con mis ojos mortales la faz amarilla y desencajada de Concha, cuando *volví* a tocar con mis manos febriles sus manos yertas, el terror que *sentí* fue tanto, que *comencé* a rezar, y de nuevo me *acudió* la tentación de huir por aquella ventana abierta sobre el jardín misterioso y oscuro.

(Valle Inclán)

Con ella *descubrí* que hay amores que duran lo que dura un corto invierno.

(J. Sabina)

Y una tarde, después que Luz y Mauro *se besaron*, él la *miró* mucho y ella, encendida de rubores, *apartóse* de nosotros.

(G. Miró)

-También se utiliza para la expresión de una **acción que queda interrumpida en un determinado momento del pasado**:

Vivió sin restricciones hasta que se le terminó el dinero.
Colaboré con ellos hasta que se marcharon.

PRETÉRITO PERFECTO: *he cantado*.

1. FORMACIÓN.

Se forma con el presente del verbo *haber* (*he, has, ha, hemos, habéis, han*) más el participio del verbo que se desea conjugar.

Ejemplos

CANTAR	BEBER	ESCRIBIR
he cantado	he bebido	he escrito
has cantado	has bebido	has escrito
ha cantado	ha bebido	ha escrito
hemos cantado	hemos bebido	hemos escrito
habéis cantado	habéis bebido	habéis escrito
han cantado	han bebido	han escrito

A continuación presentamos la **formación del participio.**

1.1. VERBOS REGULARES.

Se forma añadiendo a la raíz del verbo las terminaciones **-ado** e **-ido**, según el siguiente cuadro:

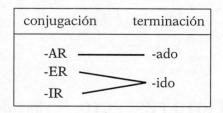

1.2. VERBOS IRREGULARES.

Existe un limitado número de verbos con participio pasado irregular. Esta irregularidad es debida a factores que tienen que ver con la evolución de la lengua.

Ofrecemos a continuación una lista de los más frecuentes:

DECIR → dicho   HACER → hecho
ABRIR → abierto   CUBRIR → cubierto
MORIR → muerto   PONER → puesto
ROMPER → roto   VER → visto
SATISFACER → satisfecho VOLVER → vuelto
Verbos en -SOLVER → -suelto

-RESOLVER → resuelto
-ABSOLVER → absuelto
-DISOLVER → disuelto

Compuestos de los anteriores: BENDECIR, MALDECIR, CONTRADECIR, DESHACER, REHACER, CONTRAHACER, DESCUBRIR, ENCUBRIR, COMPONER, DISPONER, REPONER, DEVOLVER, ENVOLVER, DESCRIBIR.

Algunos verbos disponen de dos formas para el participio pasado. Los marcados con un asterisco (*) se usan generalmente como adjetivos, y en la flexión verbal se utiliza el participio regular:

IMPRIMIR	imprimido / *impreso
PRENDER	prendido / *preso
FREIR	freido / *frito
SOLTAR	soltado / *suelto
DESPERTAR	despertado / *despierto
BENDECIR	bendecido / *bendito
MALDECIR	maldecido / *maldito

2. USOS.

Pasado medido desde el presente, expresa acciones terminadas en el pasado, pero que guardan relación con el momento presente. El contenido de su aportación significativa corresponde al pasado, pero el punto de referencia para su perfección corresponde al presente[1] Es la expresión de un proceso, de una acción que se proyecta hacia el presente o, dicho de otro modo, el resultado actual de una acción pasada.

Hoy *hemos comido* todos juntos.
He comprado estos libros esta mañana.
Esta semana *he trabajado* bien.
A los árboles del jardín les *han brotado* hojas nuevas.
–¿A quién *has visto*? –No *he visto* a tu hermano.

Por su relación con el presente, esta forma es adecuada para la expresión de **acciones no realizadas hasta ahora**:

–¿*Has visitado* alguna vez París?
–No, nunca *he estado* allí.
El hombre no ha *logrado* vencer a la muerte nunca.
Jamás se *ha trabajado* tan poco en esta empresa.

[1] Cfr. F. Marsá: *Diccionario normativo y guía práctica de la lengua española*. Barcelona, Ariel, 1990, pp. 196-198.

–También expresa **acciones ocurridas en un período de tiempo que no ha terminado aún**. En el decurso, es compatible con adverbios o locuciones temporales que incluyen el tiempo en que se habla: *aún, todavía, hoy, ahora, en este momento, este año, este siglo, siempre*, etc.:

> Este año *ha habido* una buena cosecha, pero la del año pasado *fue* bastante escasa y de mala calidad.

> Hoy *me he duchado* con agua fría, pero ayer *me duché* con agua caliente.

> En los últimos 50 años se *han logrado* importantes acuerdos entre los grandes bancos / Los pasados 50 años los bancos *lograron* importantes acuerdos.

y acciones en las que, aunque están más alejadas del presente, las consecuencias se dejan sentir aún, bien de forma objetiva:

> La Guerra Civil española *ha dejado* secuelas importantes.

o subjetiva y afectiva:

> Juan *se ha casado* hace tres años.

Con expresiones temporales del tipo *siempre, en todo momento, durante mucho tiempo*, etc., a veces podemos utilizar el pretérito perfecto cuando representa una **acción o proceso que ocupa una extensión larga en el pasado**. En estos casos, a): el tiempo pasado ha de estar necesariamente delimitado por el presente (en el decurso, entonces, aparecen las expresiones de carácter temporal *hasta ahora, hasta hace poco*,...), o b): hay que suponer que la situación aludida por el verbo continúa en el presente y se prolongará hacia el futuro:

> Siempre *ha habido* clases (hay que suponer que la acción continúa).
> Durante años *ha estado* trabajando en esta empresa (hasta hace poco).

–Del mismo tipo es el llamado **perfecto cíclico** o, como lo llamó S. Fernández Ramírez[2], **de reiteración indeterminada**, adecuado para expresar situaciones o hechos de tipo general.

Siempre que *ha ido* el cántaro a la fuente, al fin *se ha roto*.
Nunca el agua *ha hervido* a menos de 100°C.

–La forma *he cantado* puede equivaler a *habré cantado,* es decir, a un futuro perfecto, cuando se presenta como ya ocurrido lo que se desea que acontezca. Se trata del llamado por algunos **perfecto pro futuro** o **prospectivo**:

Deja de sufrir: dentro de un mes *han vuelto* (= *habrán vuelto*).
Vete bajando; en un instante *he terminado* (= *habré terminado*).

---

[2] Cfr. S. Fernández Ramírez: *Gramática española, 4. El verbo y la oración.* Madrid, Arco Libros, 1986, p. 245.

DIFERENCIAS ENTRE PASADO SIMPLE / PRETÉRITO PERFECTO: **CANTÉ/HE CANTADO**.

Esta oposición se mantiene vigente en el español normativo peninsular.

Los dos indican acciones terminadas en el pasado (aspecto perfectivo) y medidas directamente. Se trata de una oposición básicamente temporal.

–Cuando tenemos una referencia temporal externa

canté → expresa acciones que no guardan relación con el momento del hablante, ya que dichas acciones terminan antes de ese momento. Es compatible en el decurso con expresiones temporales que de alguna manera implican una ruptura con el presente: *ayer, la semana pasada, el año pasado, el siglo pasado,* etc.

he cantado → expresa acciones que sí llegan temporalmente al momento del hablante. En el contexto aparecen adverbios y expresiones temporales que indican un período de tiempo más o menos amplio que abarca el presente del hablante, el momento en el que el hablante emite un enunciado. Nos referimos en concreto a expresiones del tipo *hoy, esta semana, este mes, este año, el presente siglo,* etc.

También pueden aparecer adverbios o expresiones temporales muy cercanas al presente, aunque éste no se halla incluido en ellas: *últimamente, recientemente, hace unos momentos,* ... Y así nos hallamos ante enunciados del tipo

Hace un momento el reloj *ha dado* las cuatro.

–Cuando no hay una referencia temporal externa

canté → se utiliza en unidades temporales en las que ya no está el hablante.

he cantado → es usado en unidades temporales en las que aún se encuentra el hablante.

Ayer *fui* al cine.
Hoy *he llegado* temprano.
No *quisiste* tocar conmigo en Lisboa, pero *has venido* para verme morir.
Ayer no *te encontré* en la biblioteca y hoy he *decidido* venir a buscarte.

Pero muchas veces se confunde el uso real, aunque la lengua escrita y la literaria procuren mantener sus diferencias. Galicia y Asturias en la Península, así como extensas zonas de Hispanoamérica, muestran una marcada preferencia por el pasado simple, *canté.*

En estas zonas, pues, *canté* y *he cantado* son considerados equivalentes desde el punto de vista semántico, por lo tanto, intercambiables.

Incluso ocurre que en español normativo, en el que se mantiene viva esta oposición, a veces desaparece, neutralizándose sus respectivos contenidos.

El hablante, a la hora de marcar las diferencias, establece una división del tiempo pasado en diferentes grados, dependiendo de su presente psicológico, más o menos amplio en cada caso. Y así, lo enunciado dentro del 'presente psicológico' respondería al pretérito perfecto y lo que se enuncia fuera de ese presente sería pasado simple.

Hoy *hemos estado* en casa.
Ayer *fuimos* a Madrid.
En este siglo la ciencia *ha evolucionado* mucho.

Pero no siempre es fácil determinar la distribución del tiempo pasado. Y así, a veces, el hablante utiliza el pretérito perfecto para aproximar afectivamente un determinado momento o hecho ya objetivamente concluido a su contexto vital, con el fin de mostrar que la acción que se produjo la siente como actual, sigue viviéndola. Y utiliza el pasado simple para distanciar, también de forma afectiva, un contenido o un hecho de su momento vital, como dando a entender, aunque no sea verdad, que hemos entrado en otra unidad de tiempo (después de terminar un trabajo muy duro podemos decir *Ya lo acabé* por *Ya lo he acabado*).

De este modo, podemos encontrar enunciados del tipo:

> *Terminé* ahora mismo.
> El verano pasado *hemos estado* en Málaga.
> ¡Esto *se terminó*!
> *He aprobado* todo en junio. (estamos ahora en septiembre).
> Por fin *llegó* hace un momento.
> Mi hermano se *ha casado* hace dos años (implica que el hecho sigue teniendo una repercusión sentimental. Si decimos *Mi hermano se casó hace tres años*, como mero enunciado informativo, este está desprovisto de toda emotividad).

En opinión de J. A. Porto Dapena[1], la neutralización de estas dos formas es siempre posible en los casos en que se dan las circunstancias exigibles para el pretérito perfecto, es decir, los contenidos de 'inmediatez' al presente y/o 'resultado' en el presente. Con sus palabras, "todo perfecto es sustituible por un indefinido (pasado simple), pero no al contrario". De este modo, expresiones como

> * Ayer *he visto* a Juan
> * En 1789 *han ocurrido* sucesos importantes.
> * Cuando era niño *he ido* al zoo.

---

[1] Cfr. José A. Porto Dapena: *Tiempo y formas no personales del verbo.* Madrid, Arco Libros, 1991, p. 70.

serían inaceptables por referirse a hechos que no guardan ninguna relación con el presente, y sería el pasado simple la forma ideal para expresar estos enunciados.

Frente al pasado simple, la forma *he cantado* se halla en conexión con el presente con el significado de inmediatez (cercanía) al presente y de resultado.

Si la neutralización de estas dos formas se produjera, esto traería consigo la desaparición de la oposición, su desmorfologización, la eliminación de una de las formas. En el caso concreto del español sería el pretérito perfecto la forma eliminada (como ya ha ocurrido en algunas zonas que hemos comentado arriba), no así en francés hablado, por ejemplo, en donde la oposición se ha perdido en favor del pretérito perfecto.

DIFERENCIA ENTRE
cantaba / canté - he cantado

Más compleja que la distinción *canté/he cantado*, es uno de los puntos de la gramática del español que plantea mayores dificultades al estudiante extranjero.

La diferencia entre las tres formas verbales, expresión todas ellas de acciones pasadas, ha sido explicada desde diferentes puntos de vista.

–Para unos se trata de una oposición basada en el **aspecto**. La oposición vendría dada, pues, por los rasgos aspectuales *imperfectivo/perfectivo* o, en otras palabras, *durativo/puntual*. Y así, la diferencia entre el pasado simple y el pretérito perfecto frente al pretérito imperfecto es el aspecto durativo de este último. Los dos primeros (*canté* y *he cantado*) expresan acciones acabadas en el pasado con un principio y un fin conocidos. En el pretérito imperfecto (*cantaba*), el límite temporal no aparece, bien porque no lo conocemos o porque no nos interesa; la acción nos interesa solamente en su duración, y no en su principio ni en su término.

–Otros plantean la diferencia partiendo del **eje temporal**, es decir, prefieren ver la distinción en la manera de enfocar el tiempo, en el tiempo relacional. El pretérito imperfecto indicaría, así, simultaneidad con el pretérito, mientras que el pretérito perfecto y el pasado simple expresarían anterioridad con respecto al presente.

Estas dos posturas no se contradicen, ya que la perspectiva de simultaneidad impide ver el término de la acción, la cual no podrá observarse más que 'imperfectivamente', en curso de realización. Y la perspectiva de anterioridad permite la visión perfectiva de la acción, que aparecerá en toda su duración o extensión temporal. De acuerdo con esto, el tiempo relacional y el aspecto se implican mutuamente.

–Por último, hay quien fija la distinción en la **expresividad**, basando la utilización de una u otra forma en razones psicológicas. Defensor de esta postura es H. Weinrich[1], para quien el pretérito imperfecto y el pasado simple son tiempos del *mundo narrado*, mientras que el pretérito perfecto lo es del *mundo comentado*, al igual que el presente y el futuro. Estos tiempos se distinguirían en que el primero corresponde al segundo plano de la narración (como marco, para crear ambiente) y el segundo corresponde al primer plano, presentando aquello que se considera más importante.

Por otro lado, con respecto a esto hay que señalar la común aceptación del pretérito imperfecto como tiempo de la descripción y del pasado simple como tiempo de la narración.

–Otra postura a tener en cuenta para esta distinción es la de J.A. Porto Dapena[2], que sostiene que para estudiar adecuadamente el pretérito imperfecto en relación con los otros pretéritos hay que partir de una distinción fundamental que no suele tenerse en cuenta: la de imperfecto como *tiempo directo*, medido desde el presente, y como *tiempo indirecto*, enfocado desde el eje de pretérito.

Si nos centramos en el primer caso, al coincidir temporalmente con el pasado simple y con el pretérito perfecto, su

---

[1] Cfr. H. Weinrich: *Estructura y función de los tiempos en el lenguaje*. Madrid, Gredos, 1968, p. 194 y ss.
[2] Cfr. J. A. Porto Dapena: *Tiempos y formas no personales del verbo*. Madrid, Arco Libros, 1989, p. 73 y ss.

distinción no podrá ser otra que la basada en el aspecto. En el segundo caso, se podría pensar en un predominio del tiempo relacional sobre el aspecto.

Si hablamos de caracterización de estas formas teniendo en cuenta las diferencias expresivas, tendremos que pensar en casos de neutralización, casos en los que la forma verbal *cantaba* puede sustituir, sin cambio temporal ni aspectual, a *canté* o *he cantado* (por ejemplo, el llamado *imperfecto de apertura* o *de cierre*, equivalente a un pasado simple).

–No se pueden aceptar estrictamente los rasgos *durativo* y *puntual* para caracterizar y distinguir las formas verbales *cantaba* y *canté* respectivamente, porque, entonces, el verbo *durar*, por ejemplo, no se podría utilizar más que en pretérito imperfecto, y no serían válidas oraciones del tipo

La conferencia *duró* más de una hora.
La guerra de los cien años *duró* en realidad ciento treinta.

Y tampoco podrían usarse en este tiempo verbos de carácter 'puntual', del tipo *llegar, morir*, etc.:

Salía cuando llegó tu hermano (=*estaba saliendo*)[3].

Según esto, tampoco podría utilizarse el pasado simple con complementos que indican duración, ya que sería el pretérito imperfecto el que tendría que aparecer. Y ejemplos como los que señalamos tendrían que ser inadmisibles y, sin embargo, no lo son:

Ayer me *dolió* la cabeza todo el día / *Ayer me *dolía* la cabeza todo el día.

---

[3] Este ejemplo, como hemos señalado en el apartado dedicado a los usos del pretérito imperfecto, resulta ambiguo: Por un lado puede interpretarse *salía* como una acción continua cuando se realiza otra (es el caso que aquí nos ocupa) y, por otro, como un imperfecto denominado 'de conato', expresión de acciones que no llegaron a realizarse, de hechos que eran una intención. En estos casos, el imperfecto puede ser sustituido por *estaba a punto de, tenía la intención de*, etc. Para nuestro razonamiento el sentido que tenemos en cuenta, al que nos referimos, es el primero.

La semana pasada *estuve* enferma / *La semana pasada *estaba* enferma.

–J.A. Porto Dapena[4] propone los términos *no complexivo/complexivo* en vez de *imperfectivo/perfectivo*, argumentando que el pasado simple y el pretérito perfecto tienen como característica no sólo expresar la acción o proceso en su término, sino más bien en toda su extensión, desde su inicio hasta el final, *completivamente*. El pretérito imperfecto se refiere a la acción considerada en un momento más o menos amplio de su desarrollo.

Utilizando una comparación, "puede decirse que los contenidos de las formas *cantaba / canté* son comparables a la representación que de un movimiento nos ofrecen, respectivamente, una fotografía y una película: la primera nos lo presenta en una instantánea o momento de su realización, mientras que en la segunda el movimiento aparece en su desarrollo completo".

–Cuando el imperfecto es un tiempo indirectamente medido, la perspectiva temporal parece pasar a primer plano, y la presencia de la forma *cantaba* viene dada por la necesidad de expresar una coincidencia temporal con otro verbo en pasado. Si cambia el tiempo del verbo 'principal', habrá que sustituir el pretérito imperfecto por otra forma:

Dijo que *era* manco → Dice que es manco.
Llamaron al teléfono cuando *estaba* en casa → Llamarán al teléfono cuando esté en casa.

Es, pues, la presencia y ausencia de rasgos de carácter aspectual (*perfectividad/imperfectividad* o *complexividad/no complexividad*) y temporal (*simultaneidad* o *coincidencia*), que se presuponen mutuamente, la base de esta distinción, aunque no tienen la misma importancia en la realización concreta de la lengua.

---

[4] Cfr. *op. cit.*, p. 75.

PRETÉRITO PLUSCUAMPERFECTO:
había cantado.

1. FORMACIÓN.

Se forma con el pretérito imperfecto del verbo *haber* (*había, habías, había, habíamos, habíais, habían*) más el participio del verbo que se desea conjugar.

Sobre la formación del participio, tanto en los verbos regulares como en los irregulares, cfr. los apartados 1.1 y 1.2 del pretérito perfecto.

Ejemplos:

CANTAR	BEBER	ESCRIBIR
había cantado	había bebido	había escrito
habías cantado	habías bebido	habías escrito
había cantado	había bebido	había escrito
habíamos cantado	habíamos bebido	habíamos escrito
habíais cantado	habíais bebido	habíais escrito
habían cantado	habían bebido	habían escrito

2. **USOS.**

Expresa una acción pasada y terminada, anterior a otra también pasada. La sucesión de los hechos puede ser mediata o inmediata.

En la oración

Cuando me llamaste ya lo *había escrito.*

había escrito es acción pasada anterior a *llamaste.*

El niño se asomó a la boca de la cueva y vio que la nube *había pasado.*
El domingo ya *había llegado* Pepe.
Cuando me desperté, todavía no *había amanecido.*

–Sustituyendo al pasado simple (*canté*), en ocasiones se utiliza para señalar la rapidez con la que se ha producido un hecho. En el contexto, entonces, aparecen expresiones temporales del tipo *al instante, al momento,* etc.:

Le dicté el problema y en un segundo ya lo *había resuelto* (= *lo resolvió*).
Presentó su libro y, al momento, *había vendido* todos los ejemplares (= *vendió*).
Sacó los pasteles y, al instante, *habían desaparecido* (= *desaparecieron*).

Este efecto de la rapidez se produce porque, de una manera exagerada, las acciones se presentan como ya realizadas antes de que transcurran unidades de tiempo tan breves e inmediatas como *al instante, al momento,* etc.

–En la lengua coloquial popular vulgar sustituye al condicional compuesto (*habría cantado*) o al pretérito pluscuamperfecto de subjuntivo (*hubiera cantado*) en la apódosis (oración principal) de las estructuras condicionales irreales.

Si hubiera tenido dinero, *me hubiera comprado/me habría comprado* un coche → Si hubiera tenido dinero, *me había comprado* un coche.

PRETÉRITO ANTERIOR: *hube cantado*.

1. FORMACIÓN.

Se forma con el pretérito indefinido o pasado simple del verbo *haber* (*hube, hubiste, hubo, hubimos, hubisteis, hubieron*) más el participio del verbo que se conjuga.

Acerca de la formación del participio, cfr. los apartados 1.1 y 1.2 del pretérito perfecto.

Ejemplos:

CANTAR	BEBER	ESCRIBIR
hube cantado	hube bebido	hube escrito
hubiste cantado	hubiste bebido	hubiste escrito
hubo cantado	hubo bebido	hubo escrito
hubimos cantado	hubimos bebido	hubimos escrito
hubisteis cantado	hubisteis bebido	hubisteis escrito
hubieron cantado	hubieron bebido	hubieron escrito

2. USOS.

Indica una acción pasada inmediatamente anterior a otra también pasada:

> En cuanto *hubo escrito* la carta, fue a certificarla.
> En cuanto *me hube acostado* llamaste tú.
> Apenas *hubo cenado* se acostó.
> Apenas se *hubo aproximado* se abalanzó sobre ella.
> No bien *hubiste terminado* de hablar, te desmayaste.

Es un tiempo tan poco usado en castellano actual que, prácticamente, puede hablarse de su desaparición. Su empleo se reduce casi siempre a oraciones de matiz temporal introducidas por los adverbios o locuciones adverbiales del tipo *cuando, después que, luego que, apenas, así que, no bien, enseguida que, en cuanto, tan pronto como*, etc.

DIFERENCIA ENTRE PRETÉRITO PLUSCUAMPERFECTO/PRETÉRITO ANTERIOR.
había cantado / hube cantado

Indicadores ambos de una acción pasada anterior a otra también pasada, la diferencia radica en que la acción que denota el pretérito anterior tiene que ser *inmediatamente* anterior, mientras que esto no sucede en el pluscuamperfecto, donde la inmediatez no ha de explicitarse.

La razón por la que *hube cantado* ha desaparecido prácticamente de la lengua hablada y casi también de la escrita radica precisamente en la noción de inmediatez.

En la oración

Llegamos cuando *hubo parado* de llover

hay que entender que nuestra llegada se produjo *apenas* paró de llover, inmediatamente después de la lluvia. Si decimos

Llegamos cuando *había parado* de llover

la llegada se pudo producir bastante después. En el decurso, esta diferencia apenas se percibe.

Si utilizamos el pretérito pluscuamperfecto con las expresiones temporales que marcan la inmediatez (*apenas, en cuanto, tan pronto como*, etc.), la diferencia entre las formas *había cantado* y *hube cantado* queda anulada.

Incluso con estas expresiones de tiempo podemos utilizar el pasado simple *cantó*, que es la forma que ha triunfado en sustitución del pretérito anterior:

Llegamos tan pronto como *paró* de llover.
En cuanto *escribió* la carta fue a echarla a Correos.

Es decir, que no es infrecuente que el pretérito anterior, además de neutralizarse con el pretérito pluscuamperfecto, lo haga también con el pasado simple (*canté*).

Esta neutralización es posible cuando algún elemento que expresa la inmediatez está presente en el decurso.

En los fragmentos siguientes ofrecemos un ejemplo de neutralización de estas formas en favor del pasado simple y otro de utilización del pretérito anterior, respectivamente:

> No me preocupó el asunto, pero apenas *me metí* en el pinar, un tazado que andaba a la miera me *vino* con el mismo cuento.
>
> *(M.Delibes, Diario de un cazador)*

> ¿Qué fue del poeta Abbas Ibn Firnás, nuevo Icaro, precursor de Leonardo de Vinci, después de que su máquina voladora se *hubo estrellado*?.
>
> *(Chams Nadir, Los pórticos del mar, trad.)*

FUTURO IMPERFECTO: *cantaré*.

1. CONJUGACIÓN.

1.1. VERBOS REGULARES.

Para su conjugación, basta añadir las desinencias de cada persona al infinitivo del verbo y no a la raíz, como ocurría al conjugar otros tiempos.

	terminaciones
yo	-é
tú	-ás
él/ella/usted	-á
nosotros/-as	-emos
vosotros/-as	-éis
ellos/-as/ustedes	-án

Ejemplos:

CANTAR	BEBER	ESCRIBIR
cantar**é**	beber**é**	escribir**é**
cantar**ás**	beber**ás**	escribir**ás**
cantar**á**	beber**á**	escribir**á**
cantar**emos**	beber**emos**	escribir**emos**
cantar**éis**	beber**éis**	escribir**éis**
cantar**án**	beber**án**	escribir**án**

ESTAR	SER	IR
estar**é**	ser**é**	ir**é**
estar**ás**	ser**ás**	ir**ás**
estar**á**	ser**á**	ir**á**
estar**emos**	ser**emos**	ir**emos**
estar**éis**	ser**éis**	ir**éis**
estar**án**	ser**án**	ir**án**

Observaciones:

1. Las desinencias específicas de futuro corresponden exactamente al presente de indicativo del verbo *haber* (sin **h**) excepto en la forma de 2ª persona de plural, en la que ha perdido una sílaba (*habéis / -éis*).
2. El acento recae siempre en la terminación y no en la raíz.

1.2. Verbos irregulares.

En este tipo de verbos las desinencias son las mismas que en los verbos regulares. Su irregularidad radica en que poseen una raíz irregular a la cual se añaden las desinencias.

Esta raíz se ha constituido a partir del infinitivo, perdiendo una sílaba y añadiendo una consonante en algunos casos.

A continuación ofrecemos una lista de los verbos irregulares más utilizados con sus respectivas raíces específicas:

Infinitivo	raíz específica
SABER	sabr-
PONER	pondr-
HABER	habr-
QUERER	querr-
PODER	podr-
CABER	cabr-
TENER	tendr-
SALIR	saldr-
VENIR	vendr-
DECIR	dir-

Además de sus compuestos:

CONTRADECIR	→ contradir-	DESHACER	→ deshar-
SOBREPONER	→ sobrepondr-	REHACER	→ rehar-
INTERPONER	→ interpondr-	REPONER	→ repondr-
EXPONER	→ expondr-	IMPONER	→ impondr-
INTERVENIR	→ intervendr-	CONVENIR	→ convendr-
RETENER	→ retendr-	DETENER	→ detendr-
ABSTENER	→ abstendr-		

Ejemplos:

QUERER	PODER	DECIR	SALIR
querré	podré	diré	saldré
querrás	podrás	dirás	saldrás
querrá	podrá	dirá	saldrá
querremos	podremos	diremos	saldremos
querréis	podréis	diréis	saldréis
querrán	podrán	dirán	saldrán

2. USOS.

Este tiempo se refiere al futuro cronológico tan sólo en algunos de sus empleos. Con respecto al momento de la enunciación, es un tiempo relacionado tanto con el presente como con el futuro.

En su uso normal indica posterioridad al momento en que se habla, una acción futura, independiente de cualquier otra acción. Lo utilizamos cuando nos referimos a un proceso o acción que con mayor o menor grado de probabilidad pensamos que va a tener lugar. Para prever, predecir, anunciar cosas que vienen después del momento en el que tiene lugar la comunicación.

En el decurso generalmente va acompañado de adverbios o expresiones temporales que indican futuro: *mañana, el mes que viene, el año próximo, la próxima semana*, etc.

Mañana *tomaré* café contigo.
Ha salido un momento, pero *volverá* enseguida.
El próximo martes *saldrá* el sol a las siete y diez.
Mañana *tendremos* nieblas matinales en las cuencas del Duero y Ebro. Por lo demás, el día *será* soleado.
Ignoro qué *haré* sin ti.
En cualquier momento le *llamarán* a filas.

La posterioridad también puede estar marcada por la perífrasis *ir a + infinitivo*:

Mañana *voy a tomar* café contigo.
Ha salido un momento, pero *va a volver* enseguida.

o, incluso, como ya hemos visto, por un presente:

Mañana *tomo* café contigo.
El próximo martes *sale* el sol a las siete y diez.

USOS Y VALORES ESPECIALES DE ESTA FORMA:

1. Con valor de **obligación**, en la segunda y tercera personas equivale a un imperativo. Se utiliza para dar instrucciones u órdenes categóricas. El empleo de esta forma no ofrece posibilidades de rechazar la orden o de rebelarse ante ella. Se trata de órdenes tajantes, incluso que señalan el punto final sobre un asunto, de leyes, mandamientos... Son órdenes terminantes, de gran fuerza, independientemente de que lo mandado se realice o no.

No *robarás*.
Estudiarás mientras yo esté aquí.
Los aspirantes *presentarán* la solicitud en secretaría.
¡*Te tomarás* el jarabe, quieras o no!
Ganarás el pan con el sudor de tu frente.

2. Con valor de presente se utiliza para expresar

–**Conjetura o probabilidad**: Sirve para indicar el carácter probable o posible de una acción. Con marcado valor de presente, el hablante utiliza esta forma también para formular sus hipótesis y al formular la edad o la cantidad cuando no está seguro.

> Este señor *tendrá* (unos) cuarenta años y *pesará* (unos) ochenta kilos.
> –¿Qué hora *será* ya?
> –*Serán* las ocho, más o menos.
> Su fortuna *rebasará* los doscientos millones
> Me gustaría ir a Viena en Navidad, pero el viaje *será* muy caro.
> A estas horas ya *estará* en Londres.
> –¿Dónde está Juan? –*Estará* en casa.
> *Serán* unas doscientas personas, más o menos.

–**Modestia, atenuación**: Cuando queremos dar a entender que lo que decimos es solamente una opinión subjetiva. Utilizado sobre todo con verbos que significan 'decir', en el decurso suelen aparecer expresiones del tipo *si es posible, si se me permite, si no me equivoco, si estoy en lo cierto, si no le molesta*, ..., que indican una especie de condición implícita, aunque no siempre:

> Si no te importa, te *diré* lo que pienso del tema.
> Si se me permite, *preferiré* no opinar.
> Le *advertiré* a usted que ya me había dado cuenta.

–**Cortesía**: Menos frecuente que el pretérito imperfecto.

> ¿Me *abrirás* la puerta?
> Me *dirán* qué puedo hacer por ustedes.
> ¿Me *dejará* usted pasar, por favor?
> Con este tipo de venda, el tobillo le *quedará* más sujeto y *tendrá* menos dolores.

En muchos casos, este valor es equivalente al condicional simple (*cantaría*), prefiriéndose este último:

> ¿*Serás* tan amable de subirme el periódico? (=*serías*)

–**Sorpresa**: Con este valor se utiliza esta forma para expresar el asombro con que al hablante le resulta aceptar algo que, por otro lado parece evidente. Generalmente aparece en oraciones de carácter exclamativo o interrogativo:

> ¡*Será* posible! (ante una evidencia).
> ¿*Te atreverás* a decir eso? ¿*Serás* capaz de negarlo?
> ¿*Será* cierto lo que me dices?
> ¡*Será* cerdo!
> ¿*Será* posible que no comas por no hacer la comida?

–**Incertidumbre**:

> ¿Quién *llamará* ahora?
> ¿*Tendremos* bastante gasolina para llegar?

–Con el **futuro concesivo** se expresa la incredulidad, la dificultad que el hablante tiene para aceptar algo que ya ha sido afirmado, dada su contradicción con otros hechos, los cuales se introducen casi siempre con una conjunción adversativa[1].

Aceptamos que nuestro interlocutor tenga razón, pero exponemos un hecho que parece demostrar lo contrario.

> *Será* buen conductor, pero ya ha atropellado a tres vacas (quizá sea buen conductor, como tú dices, pero hay un hecho que parece demostrar lo contrario: ha atropellado ya a tres vacas).
> Otra cosa no *tendrá*, pero sentido de las cosas sí.
> *Será* verdad lo que dices, pero no me lo creo.
> *Tendrá* sus cosas, pero es una persona leal y fiel.
> *Será* tonta, pero ¡cómo está la niña!

---

[1] Cfr. J.A. Porto Dapena: *Tiempos y formas no personales del verbo.* Madrid, Arco Libros, 1989, p. 56–57 y S. Fernández Ramírez: *Gramática española. 4. El verbo y la oración.* Madrid, Arco Libros, 1986, pp. 288-289.

Seré un borracho, pero eso no quiere decir que sea un ladrón.

3. Con valor de futuro presenta varios matices:

–**Resolutivo**: Con el que expresamos el propósito de llevar a cabo la acción expresada por el verbo. Se utiliza solamente con las primeras personas (singular y plural):

El sábado le *llamaré* y le *exigiré* una respuesta.
Le *pediremos* los libros que le prestamos.

–**De conformidad**: En primera persona, con esta forma expresamos la aceptación de realizar algo que creemos que es conveniente o que se nos ha pedido, aunque no sea agradable:

No me apetece nada hacer ese viaje, pero lo *haré*.
No estoy de acuerdo con tu decisión, pero te *apoyaré*.

–**De desafío**: Para expresar nuestra desaprobación hacia una determinada conducta:

Me las *pagarás* por haber llamado.
Ya *veremos* si te traigo o no el libro.

–**De confianza**: Con él se pretende dar confianza al interlocutor. Muy escaso, lo encontramos en contextos del tipo:

Ya *verás* como todo se soluciona.
Tranquilo. Todo se *andará*.

–**Histórico**: Con una perspectiva situada en el pasado:

A partir de 1880, Galdós *publicará* sus mejores novelas.

ERRORES EN SU EMPLEO:

En español actual, el futuro de indicativo no puede utilizarse nunca

a) –En una estructura condicional introducida por *si*, aunque su empleo fue frecuente hasta el siglo XIV (ver el apartado dedicado al presente de indicativo en estructuras condicionales). En su lugar hay que emplear el presente de indicativo:

* Si *tendré* dinero → Si tengo dinero.
* Si *vendrás* te invitaré a cenar → Si *vienes* te invitaré/te invito a cenar.

b) –En estructuras temporales introducidas por *cuando*. En su lugar emplearemos el presente de subjuntivo:

* Cuando *iré* a Madrid me alojaré en el Hotel Palace → Cuando vaya a Madrid, ...
* Cuando te *veré* te lo diré → Cuando te *vea* te lo diré/te lo digo.

c) –En estructuras de tipo modal introducidas por *como*. Se utiliza el presente de subjuntivo:

* Mañana prepara el pollo como te *apetecerá* → Mañana prepara el pollo como te *apetezca*.
* Realizaré el trabajo como me *indicarán* → Realizaré el trabajo como me *indiquen*.

d) –En estructuras de matiz locativo con *donde* a la cabeza:

* Iremos de vacaciones donque *querrán* los niños → Iremos de vacaciones donde *quieran* los niños.
* Aparca el coche donde te dirán → Aparca el coche donde te digan.

FUTURO PERFECTO: *habré cantado*.

1. FORMACIÓN.

Se forma con el futuro imperfecto del verbo *haber* (*habré, habrás, habrá, habremos, habréis, habrán*) más el participio del verbo que se desea conjugar.

Sobre la formación del participio, tanto en verbos regulares como irregulares, cfr. los apartados 1.1 y 1.2 del pretérito perfecto.

Ejemplos:

CANTAR	BEBER	ESCRIBIR
habré cantado	habré bebido	habré escrito
habrás cantado	habrás bebido	habrás escrito
habrá cantado	habrá bebido	habrá escrito
habremos cantado	habremos bebido	habremos escrito
habréis cantado	habréis bebido	habréis escrito
habrán cantado	habrán bebido	habrán escrito

2. USOS.

Expresa acciones futuras y terminadas en un momento determinado del futuro. Es decir, anteriores a otras acciones también futuras en relación con el presente:

Cuando llames ya *me habré marchado*.
En diciembre del próximo año ya *habré terminado* la mili.
Cuando lleguéis allí ya *se habrá ido*.
A las ocho ya *habré terminado* la clase.
Cuando lleguéis ya *habré llamado* por teléfono.
Mañana ya *habrán olvidado* lo ocurrido.

USOS Y VALORES ESPECIALES:

–**Sorpresa**: En enunciados exclamativos o interrogativos, el hablante lo utiliza para expresar su asombro ante algo que parece evidente:

¿*Habrá tenido* la cara de presentarse allí?
¡*Habráse visto* perro más tonto!

–También puede expresar **probabilidad** o **conjetura**:

–¿*Habrá llegado* ya Juan? –Supongo que ya *habrá llegado*.
Este barco *habrá traido* unas dos mil toneladas.
¿No te *habrá llamado* mi madre, por casualidad?
Ya *habrá salido* hacia acá.

78

POTENCIAL O CONDICIONAL SIMPLE: *cantaría*.

1. CONJUGACIÓN.

1.1. Verbos regulares.

El condicional o potencial se conjuga añadiendo directamente al infinitivo del verbo las desinencias personales, que son idénticas para todos los verbos.

	terminaciones
yo	-ía
tú	-ías
él/ella/usted	-ía
nosotros/-as	-íamos
vosotros/-as	-íais
ellos/-as/ustedes	-ían

Ejemplos:

CANTAR	BEBER	ESCRIBIR
cantaría	bebería	escribiría
cantarías	beberías	escribirías
cantaría	bebería	escribiría
cantaríamos	beberíamos	escribiríamos
cantaríais	beberíais	escribiríais
cantarían	beberían	escribirían

ESTAR	SER	IR
estaría	sería	iría
estarías	serías	irías
estaría	sería	iría
estaríamos	seríamos	iríamos
estaríais	seríais	iríais
estarían	serían	irían

Observaciones:

1. Las desinencias del condicional son las mismas que las del imperfecto de indicativo de los verbos de la segunda y tercera conjugación (-ER, -IR). La diferencia radica en que las del condicional se añaden al infinitivo y las del imperfecto a la raíz verbal.

2. El acento recae siempre en las terminaciones y no en la raíz

1.2. **Verbos irregulares.**

Son los mismos que hemos visto para el futuro. De la misma manera que en el futuro, su irregularidad consiste en una raíz irregular propia, constituida a partir del infinitivo, a la que se añaden las terminaciones.

Presentamos a continuación una lista de los principales verbos irregulares seguidos de sus respectivas raíces específicas:

Infinitivo	raíz específica
SABER	sabr-
PONER	pondr-
HABER	habr-
HACER	har-
QUERER	querr-
PODER	podr-
CABER	cabr-
TENER	tendr-
SALIR	saldr-
VENIR	vendr-
DECIR	dir-

Además de sus compuestos:

CONTRADECIR→	contradir-	DESHACER	→	deshar-
SOBREPONER	→ sobrepondr-	REHACER	→	rehar-
INTERPONER	→ interpondr-	REPONER	→	repondr-
EXPONER	→ expondr-	IMPONER	→	impondr-
INTERVENIR	→ intervendr	CONVENIR	→	convendr-
RETENER	→ retendr-	DETENER	→	detendr-
ABSTENER	→ abstendr-			

Ejemplos:

QUERER	PODER	DECIR	SALIR
querría	podría	diría	saldría
querrías	podrías	dirías	saldrías
querría	podría	diría	saldría
querríamos	podríamos	diríamos	saldríamos
querríais	podríais	diríais	saldríais
querrían	podrían	dirían	saldrían

2. **USOS.**

Desde el punto de vista temporal, esta forma puede referirse tanto al pasado cronológico como al futuro o al presente.

Tiempo relativo de aspecto imperfectivo, respecto al pasado es lo que el futuro en relación con el presente. En sus usos normales, el potencial simple se caracteriza por situar una acción o proceso con posterioridad a un pretérito. Se trata, en definitiva, de un futuro del pasado.

En la oración

Me dijiste que *vendrías*

la acción de *venir* es posterior a la acción de *decir*.

Ayer me dijo que me *llamaría* esta tarde.
Mi hermano me aseguró que le *ayudaría*.

OTROS USOS:

1. En **estructuras condicionales.**

a) En la apódosis (oración principal) o condicionado:

Si tuviera dinero, *compraría* un coche.
Te *acompañaría* si pudiera.
Si vivieras en una casa mejor, no *saldrías* tanto.
Yo, en tu lugar, *iría*.

En estas oraciones, *cantaría* no tiene valor de 'futuro del pasado', sino de futuro en relación con el presente actual, pero condicionado a otro tiempo (presente o futuro).

b) En la prótasis o condicionante: En la lengua coloquial y muy restringido a una zona geográfica peninsular: el Norte de Burgos, parte del País Vasco, Cantabria y Norte de Palencia:

Si tuviera dinero, compraría un coche → Si *tendría* dinero, compraría un coche.

Iríamos de excursión si no lloviera → Iríamos de excursión si no *llovería*.

2. Como expresión de la **probabilidad** o **conjetura**: Se utiliza para formular hipótesis, desde el presente de la enunciación, acerca de algún momento del pasado cronológico:

> Cuando llegó *serían* las seis.
> –¿A qué hora llamó?
> –*Serían* las cuatro más o menos.
> No lo vi al llegar. *Estaría* en su habitación.
> Cuando publicó su primera novela *tendría* unos 25 años.
> *Serían* las dos de la mañana cuando me despertó la alarma del banco.
> –¿Cómo es que no vino Juan anoche a la reunión?
> –No sé, pero supongo que *estaría* tomando unas copas con los amigos.

3. **Concesivo**: Del mismo tipo que el futuro concesivo, pero en lugar de referirse al presente o futuro, sitúa la acción en el pasado:

> *Tendría* mucha clase, pero no lo demostraba.
> *Estaría* muy aburrido, pero no dejó de bailar en toda la noche.

4. **De cortesía**: Con marcado valor de presente, el hablante lo utiliza para la expresión de necesidades, deseos, etc., con la intención de ser más educado y cortés, por respeto al interlocutor, o para no imponerse de una forma demasiado rotunda.

Alterna con el 'imperfecto de cortesía' y, en ocasiones, con determinados verbos (*querer*, *poder*), con el pretérito imperfecto de subjuntivo.

> *Querría* saber cómo está organizado el fichero (= *quería, quisiera*).
> –¿*Podría* darme fuego?
> –¿*Podría* decirme la hora?

–¿Puedo hacerle una pregunta?
–Es que *querría* saber si usted tiene en su biblioteca personal la edición facsímil de los cuentos de Andersen que la editorial X publicó el año pasado.

4. **Potencial de modestia**: En enunciados afirmativos, con el fin de que no parezcan demasiado bruscos o enérgicos. El hablante muestra, así, un matiz de mayor respeto hacia el interlocutor.

–¿Qué piensas de esto?
–No es tan fácil. Yo *diría* que antes de decidirte tienes que pensarlo muy bien.
Yo no *haría* eso, pero tú eres el que decide.

5. Para **dar consejos**. Con expresiones del tipo *deber, ser mejor que, ser conveniente que, convenir que,* etc. en condicional para suavizar la presión que el hablante ejerce sobre el oyente.

Convendría que aquí pusieras el sofá.
Deberías trabajar un poco más.
Sería mejor que dejaras el viaje para mañana.
En tu estado, *sería* conveniente que no cenaras hoy.

6. Para expresar el **deseo**. Sobre todo con el verbo *gustar*, pero también con otros verbos.

Me *gustaría* que aprobaras todo en junio.
¿Te *gustaría* venir conmigo?
Ahora me *tomaría* un café bien cargado con pastas.

7. Con matiz de **sorpresa**. Con esta forma el hablante manifiesta su sorpresa por algo que es evidente.

¡Sólo a ti se te *ocurriría* llamar a estas horas!

8. **'Histórico'**. Equivalente a un pasado simple.

Aquella llamada *cambiaría* mi vida.
Después de la Guerra Civil, los poetas exiliados *escribirían* sus poemas más hondos y sentidos.

POTENCIAL COMPUESTO: *habría cantado.*

1. **FORMACIÓN.**

Se forma con el potencial simple del verbo *haber* (*habría, habrías, habría, habríamos, habríais, habrían*) más el participio del verbo que se desea conjugar.

Para la formación del participio, tanto en verbos regulares como irregulares, cfr. los apartados 1.1 y 1.2 del pretérito perfecto.

Ejemplos:

CANTAR	BEBER	ESCRIBIR
habría cantado	habría bebido	habría escrito
habrías cantado	habrías bebido	habrías escrito
habría cantado	habría bebido	habría escrito
habríamos cantado	habríamos bebido	habríamos escrito
habríais cantado	habríais bebido	habríais escrito
habrían cantado	habrían bebido	habrían escrito

2. USOS.

Señala una acción futura y terminada en relación a un determinado momento del pasado, pero anterior a otro momento que se señala también en la oración.

> Usted me dijo que cuando yo llegara a casa ya me *habría llegado* el paquete. [Acción futura en relación a *dijo* y anterior a *llegar*].
> Me aseguró que al cabo de un mes de convivencia *me habría acostumbrado* a ella.

Otros usos:

–En estructuras condicionales (de carácter irreal): Acciones que se hubieran realizado si se hubiera cumplido la condición. Alterna también con el pretérito pluscuamperfecto de subjuntivo.

> Si me hubieras dicho que querías venir, te *habría llamado* (= te *hubiera llamado*).
> De no tener tanta prisa, *habríamos entrado* en aquel bar para tomar un café y charlar un rato (= *hubiéramos entrado*).

APLICACIÓN. EJERCICIOS

APLICACIÓN. APARTADO A.

I. EMPLEAR EL PRESENTE DE INDICATIVO EN LAS SIGUIENTES ORACIONES Y DETERMINAR EL VALOR QUE POSEE:

1. Mi padre todas las noches (cenar) .... pescado.
2. El que (buscar) ...., (hallar) ....
3. El agua (hervir) .... a 100 grados centígrados.
4. El próximo domingo (ir, nosotros) .... al teatro.
5. Hemos preguntado a todo el mundo y nadie sabe nada. Ante esta situación, ¿qué (hacer) .... ?
6. Mañana (devolver, a ti) .... los libros que me prestaste.
7. Hernán Cortés (conquistar) .... México después de duras batallas.
8. Por poco (quedarse, él) .... sin tomar café.
9. Si (comer) .... demasiado, te dolerá el estómago.
10. Nosotros (estar) .... muy cansados.
11. ¿Qué (hacer, tú) .... ahora? Ahora (trabajar, yo) .... en una fábrica de coches.
12. ¡Te (estar) .... sentado y sin rechistar!
13. Me (tú, acompañar) .... y (cenar) .... juntos.
14. El día 22 de diciembre se (sortear) .... la lotería de Navidad.
15. Mañana (cumplir, yo) .... 18 años.

II. SUSTITUIR LA FORMA VERBAL EN CURSIVA POR UNA DE PRESENTE Y SEÑALAR SU VALOR EN LA FRASE:

1. El próximo domingo *celebraremos* mi cumpleaños.
2. –¿Qué *estás haciendo*?
   –*Estoy preparando* el esquema de la lección 25.
3. *Llámame* esta noche y *cuéntame* cómo lo has pasado.
4. Os *recogeré* el sábado a las 8.
5. Este invierno no *está haciendo* mucho frío.
6. Hoy *voy a tomar* café con mis amigos.
7. El gobierno *subirá* las pensiones el próximo verano.
8. Cervantes *nació* en Alcalá de Henares.
9. Ahora *estudia* un poco, luego *tomaremos* un chocolate con churros en el bar de abajo.
10. Ahora *estoy haciendo* un jersey para mi hermano.

III. PONER LOS INFINITIVOS QUE VAN ENTRE PARENTÉSIS EN PRETÉRITO IMPERFECTO, INDICANDO SUS VALORES:

1. Buenas tardes. Por favor, (querer) .... hablar con el Sr. Fernández.
2. (Nevar) .... cuando llegaste.
3. Mientras cocinaba, (escuchar) .... música clásica.
4. Yo (ser) .... don Quijote, tú (ser) .... Sancho Panza y Carmen (ser) .... Dulcinea.
5. (Ser) .... alta y rubia. (Tener) .... los ojos azules y el pelo largo. (Vestir) .... a la moda.
6. (Venir, yo) .... para ver si ya tienen a la venta la ropa de verano.
7. (Dormir) .... cuando sonó el teléfono.
8. (Terminar) .... el trabajo cuando vino Juan.
9. (Hacer) .... los ejercicios mientras veía la película.
10. –¿Estás ahí? –Sí, en este momento (salir, yo) .... a tomar un café.

11. El portero (abrir) .... el local a las 9.
12. Ahora que (estar) .... la merienda preparada, resulta que no puede venir.
13. Por más que insistiera, yo, en tu lugar, no (acceder) ....
14. Llega Vd. a tiempo por un minuto, porque ya (nosotros, cerrar) ....
15. (Venir, yo) .... a verle para que me firme un certificado.

IV. PONER EL VERBO QUE VA ENTRE PARENTÉSIS EN LA FORMA ADECUADA (PRETÉRITO PERFECTO O PASADO SIMPLE):

1. El año pasado (tener) .... que ser operado.
2. María (dar a luz) .... anoche en la clínica.
3. Durante el curso pasado (yo, tener) .... una afección de garganta, lo que me (impedir) .... dar clase.
4. Juan me (llamar) .... ayer, y también me (llamar) .... la semana pasada.
5. Está todo resuelto. ¿Qué (suceder) .... aquí?
6. El año pasado (tener, nosotros) .... un invierno corto, pero el de este año (ser) .... largo y frío.
7. Cuando (hablar) .... por teléfono con tu madre, (decir, a mí) .... que habías estado en París.
8. Esta mañana (tener) .... que encargarme del teléfono.
9. Cuando los españoles (ir) .... a América, (tener) .... que ingeniárselas para poder comunicarse.
10. Me voy. Creo que (esperar) .... demasiado.
11. Hace un mes que (entregar) .... los papeles y todavía no me (ellos, responder) ....
12. Hace un momento (yo, ver) .... a tu hermano.
13. (Estar) .... lloviendo toda la mañana.
14. ¿Dónde (estar, tú) .... ? ¿Qué (hacer, tú) .... en estos días?
15. (Subir) .... el precio del pan.
16. ¡Por fin (resolver, yo) .... este dichoso problema!

V. PONER EL VERBO EN LA FORMA ADECUADA DEL PRETÉRITO PLUSCUAMPERFECTO O DEL PRETÉRITO ANTERIOR:

1. Cuando me lo dijeron, yo ya (irse) ....
2. Se durmió en cuanto le (llamar) .... por teléfono.
3. Aunque (nevar) .... no era necesario el uso de cadenas.
4. Cuando llegó su hermana, él ya (levantarse) ....
5. El libro fue publicado tan pronto como el autor lo (escribir) ....
6. Empezó la película cuando (arreglar, ellos) .... la máquina.
7. Juan me (decir) .... que venía el viernes.
8. Después que lo (saber) .... no quiso entrar en más detalles.
9. Me lo dijo cuando ya (tú, salir) ....
10. En cuanto (terminar) .... la conferencia, se fue.

VI. PONER LOS INFINITIVOS QUE VAN ENTRE PARÉNTESIS EN FUTURO, INDICANDO LOS TIPOS DE FUTURO QUE APARECEN:

1. Ellos (escuchar) .... la entrevista mañana en la radio.
2. (Parar) .... el coche cuando el semáforo esté en rojo.
3. No (notar, usted) .... molestia alguna hasta que no pasen los efectos de la anestesia.
4. ¿Quién (ser) .... ?
5. Este verano (ir, nosotros) .... a Tenerife.
6. (Ser) .... tonta, pero no veas lo buena que está.
7. ¿Piensas que le (gustar) .... esta corbata?
8. Me duele mucho la cabeza, pero (salir) .... para acompañarte.
9. (Hacer, tú) .... lo que yo diga.
10. ¿(Ser) .... capaz de no beber por no gastar dinero?
11. ¿Cuántos años crees que (tener, él) ....? –(Tener) .... unos cincuenta.

12. Le (decir, yo) .... que lo sabía antes que usted.
13. (Tomar, tú) .... el tren hasta Madrid. Allí (recoger, a ti) .... y (llevar, a ti) .... al hotel. Por la mañana (alquilar, tú) .... un coche y (conducir, tú) .... hasta Alicante.
14. ¿(Ser) .... usted tan amable de darme un cigarro?
15. El verano próximo (estudiar) .... alemán.
16. Mañana (pasarme) .... por su casa y le (exigir) .... el dinero que me debe.
17. Llevo la maleta completamente llena, porque no sé qué tiempo (hacer) .... en Asturias.
18. Dile a Pedro que me gustaría saber si, por fin, (comer) .... conmigo el jueves.
19. No sé que (estar) .... haciendo los niños ahora.
20. (Tener) .... éxito con las mujeres, pero no es guapo.

VII. SUSTITUYE EL INFINITIVO POR UNA FORMA DE FUTURO SIMPLE O FUTURO PERFECTO:

1. Hasta el próximo año no (empezar, yo) .... a buscar trabajo.
2. Como mañana es domingo (levantarse, yo) .... tarde.
3. Juan me ha dicho que (empezar, ellos) .... a cenar a las diez y que a las doce ya (terminar) ....
4. El lunes (empezar) .... la serie de televisión de la que te hablé.
5. Si no te cuidas un poco más, (tener) .... problemas con el estómago.
6. A las ocho (terminar, ella) .... la clase de inglés.
7. Cuando tú te levantes, yo ya (llegar) ....
8. Para Navidad ya (cambiar, él) .... de trabajo.
9. ¿Quién le (comentar) .... nuestro proyecto?
10. Cuando nos veamos te (contar, yo) .... lo que me dijo ayer Luis.
11. A estas horas mi familia (estar) .... en casa, viendo la TV.
12. ¿Dónde (poner, yo) .... las gafas?

VIII. EMPLEAR EL POTENCIAL O CONDICIONAL EN LAS SIGUIENTES ORACIONES Y DETERMINAR EL VALOR QUE POSEE:

1. Los secuestradores (poder) .... liberar hoy a sus rehenes.
2. Me (gustar) .... poder hacer algo por ti.
3. Siempre pensé que (ser, tú) .... ingeniero.
4. (Ser) .... muy testarudo, pero al final nunca lograba imponer sus ideas.
5. Nos dijeron que a las 5 ya (terminar) .... la conferencia.
6. Ahora (irse, yo) .... todo el fin de semana a una isla desierta.
7. Sabía que (llegar, tú) .... tarde a la cita.
8. Si te contestara objetivamente a lo que me preguntas, ¿cómo (reaccionar) .... ?
9. En aquel momento (yo, estar) .... preparando el examen de fin de carrera.
10. Aunque me lo pidiera mil veces, no (ir) ....
11. (Leer) .... más si no me dolieran tanto los ojos.
12. Nos (gustar) .... verte, pero nos dijeron que habías salido.
13. (Querer) .... saber si tienen el último disco de Eric Clapton.
14. Si me tocara la lotería, (comprar) .... una casa en los sitios que me gustan y (pasarse) .... la vida viajando.
15. Ese mismo año, el escritor del que estamos hablando publicó su primera novela, que no (tener) .... tanto éxito como la segunda.
16. Si pudiera, (vivir) .... en un club de Londres, no (ir) .... nunca al campo sino a un parque, (beber) .... agua filtrada y (respirar) .... aire esterilizado. *(Baroja).*
17. ¿(Poder) .... vernos otro día?
18. ¿Te (importar) .... ayudarme a cambiar la aguja del tocadiscos?

19. Yo no (contar) .... con él para este trabajo. Es demasiado irresponsable.
20. Te (saludar) ...., pero el semáforo se puso en verde.

IX. SUSTITUIR LOS INFINITIVOS POR LA FORMA VERBAL APROPIADA, TENIENDO EN CUENTA QUE DEBEN PERTENECER AL INDICATIVO:

1. En el siglo pasado mucha gente no (saber) .... leer ni escribir.
2. Antes, cuando iba a visitarme, me (llevar) .... caramelos; ahora me (llevar) .... bombones.
3. (Estar) .... en forma porque con bastante frecuencia (hacer) .... flexiones.
4. Me prometió que la semana próxima (comer, nosotros) .... juntos.
5. (Estar) .... con gripe toda esta semana.
6. Me dijo que (terminar) .... hacía dos años.
7. Nunca (yo, estar) .... en Londres.
8. Colón nunca (estar) .... en Buenos Aires.
9. (Reunirse, ellos) .... otra vez el mes próximo.
10. Ayer (nevar) .... en Sierra Nevada.
11. El año pasado, cuando (soplar) .... el viento, (hacer) .... frío.
12. (Terminar, yo) .... mi carrera este año.
13. A estas horas mis amigos (estar) .... celebrando el cumpleaños de Juan.
14. –¿A qué hora (llegar, tú) .... anoche?
    –No sé. (Ser) .... las dos de la mañana.
15. En vacaciones (soler) .... levantarme a las diez.
16. Dijo que (llegar) .... pronto, pero no fue así.
17. Cuando (estar, yo) .... en la Universidad, (tener) .... muchos amigos.
18. Le (rogar, yo) .... que terminara pronto.ꞌ ·
19. El próximo año ya (terminar, yo) .... los estudios.

20. Ayer María (arreglarse) .... especialmente. Cuando (ir, ella) .... hacia la Universidad, unos chicos le (decir) .... un piropo.
21. Ahora (haber) .... cincuenta estudiantes en clase; la semana que viene (haber) .... cincuenta y cinco.
22. Me dijo que le (robar) .... el bolso y que (ir) .... a denunciarlo.
23. El año pasado (haber) .... muchas huelgas, pero este año no (tener, nosotros) .... todavía ninguna.
24. El próximo año (marcharse, nosotros) .... a recorrer el mundo.
25. A las ocho (llegar) .... Juan y nos (decir) .... lo de siempre.
26. Cuando (ser, yo) .... niña, me (gustar) .... mucho saltar, pero un día (caerse) .... y (romperse) .... una pierna.
27. Yo no puedo resolver tu duda. Mañana se la (preguntar, tú) .... al profesor.
28. María siempre (estar) .... llorando.
29. Me prometió que (trabajar, él) .... menos.
30. No (dejar) .... de llover cuando salí de viaje.
31. Cuando era niño, (tener) .... problemas con la vista.
32. Esta noche (salir, yo) .... a cenar con unos amigos.
33. Para entonces ya (visitar, nosotros) .... toda la región.
34. El año pasado (cumplir, ella) .... veinte años.
35. Ayer (recibir, yo) .... una carta de Juan. (Decir) .... que (venir, él) .... la semana próxima.
36. A las doce ya (terminar) .... la operación.
37. Ayer a las ocho todavía no (llegar) .... los actores.
38. El otro día (ir, él) .... a su casa.
39. En la Edad Media no (conocerse) .... la electricidad.
40. En dos minutos (estar, yo) .... aquí.

X. SUSTITUIR LOS INFINITIVOS POR LA FORMA VERBAL APROPIADA, TENIENDO EN CUENTA QUE DEBEN PERTENECER AL INDICATIVO:

1. Te prometo que a las cuatro ya (llegar, nosotros) ....
2. Cuando llegaron a casa (ser) .... las tres de la madrugada. *[handwritten: horas siempre imperfecto]*
3. En este momento los jugadores (estar) .... saliendo al campo.
4. Los domingos en mi casa (comer) .... paella.
5. Juan dijo que (tener, tú) .... suerte.
6. Creo que (llegar, él) .... mañana.
7. La primera edición de La Celestina se (publicar) .... en 1499.
8. Si vienes temprano, (poder, nosotros) .... ir al cine de las ocho.
9. El sábado le (tocar) .... la lotería y el domingo ya lo (gastar) .... todo.
10. Mi familia (pasar) .... las vacaciones en Santander.
11. El guardia le (poner) .... una multa porque (saltarse) .... un semáforo en rojo.
12. Los españoles (tener) .... que declarar a Hacienda cada junio.
13. Mañana a las ocho (saber, nosotros) .... los resultados.
14. En las vacaciones de Semana Santa del año pasado (viajar, yo) .... por América y (visitar) .... muchos lugares.
15. En Grecia (quedar) .... algunos cuadros de El Greco, aunque los más importantes (estar) .... en España.
16. Cuando era niña, (viajar) .... muy a menudo.
17. El tren (llegar) .... a las ocho y media.
18. (Estar) .... estudiando y, de pronto, (sonar) .... la alarma.
19. Mientras voy a la librería me (esperar, vosotros) .... aquí.
20. Sonríe, que no sospechen que (tú, llorar) ....
21. Creo que (casarse, él) .... tarde o temprano.

22. Creí que (casarse, él) .... tarde o temprano.

23. Si hace buen tiempo, la semana que viene (ir, nosotros) .... de viaje.

24. Anoche llamaron por teléfono después de las doce. ¿Quién (ser) .... ?

25. El domingo próximo (jugar) .... el Real Madrid contra el Osasuna.

26. ¿Cuántas llamadas de teléfono (hacer) .... usted el mes pasado?

27. Ayer (soñar, yo) .... que (venir, tú) ....

28. Como no te des prisa, cuando llegues a la estación ya (salir) .... el tren.

29. No sé quién (estropear) .... el video. (Ser) .... los niños.

30. Con el sol le (salir) .... muchas manchas en la piel.

31. No sabe lo que (perder, él) .... esta noche, pero (perder) .... más de un millón.

32. Los Reyes (visitar) .... Chile el próximo enero.

33. No sé si (enterarse, tú) .... de la noticia.

34. –¿Vamos? –Sí, enseguida (terminar, yo) ....

35. ¡En mi vida (oír, yo) .... cosa igual!

36. A María le (gustar) .... tocar el piano.

37. Cuando llegamos al teatro ya (estar) .... en el segundo acto.

38. Este año (tener, yo) .... más trabajo que el año pasado.

39. Con estas pastillas (sentirse) .... usted bien.

40. Este coche (alcanzar) .... una velocidad de 220 kilómetros por hora, (tener) .... air–bag y sistema de frenos ABS.

XI. SUSTITUIR LOS INFINITIVOS POR LA FORMA VERBAL ADECUADA DEL INDICATIVO:

1. Sigüenza (ser) .... un pueblo de la provincia de Guadalajara.

2. El libro (ser) .... el mejor amigo de los niños.

3. En 1492 se (publicar) .... la gramática de Nebrija.
4. El próximo mes (volver, nosotros) .... a vernos.
5. Cuando llegue Juan te (llamar, nosotros) .... por teléfono.
6. Ahora (tener, tú) .... 19 años. Algún día (tener) .... 60 y (ver) .... las cosas de otra forma.
7. Su trabajo (gustar) .... mucho a la gente. En pocos años (ser) .... un escultor famoso.
8. Cuando termine sus estudios de Derecho (preparar) .... oposiciones a Notarías.
9. Todos los días me (duchar) .... al levantarme y (tener) .... que tomar una pastilla antes de dormirme.
10. ¡Tú te (callar) .... ! En este asunto no (tener) .... voz ni voto.
11. Mañana (escribir, yo) .... al director de Televisión Española y le (sugerir) .... el tema del que (hablar) .... ayer.
12. (Ir, tú) .... a casa y le (llamar) .... por teléfono.
13. En la democracia el bien común (estar) .... sobre los intereses particulares.
14. Casa con dos puertas, mala (ser) .... de guardar.
15. El Ebro (ser) .... el río más largo de España.
16. Juan (estudiar) .... Medicina en la Universidad de Salamanca.
17. Mi profesor de matemáticas (estar) .... escribiendo un libro sobre matemática aplicada.
18. Juan me (caer) .... bien. (Ser) .... un tipo simpático.
19. ¿Qué hora (ser) .... cuando tú (llegar) .... anoche?
20. (Tener, él) .... el brazo escayolado porque se lo (romper) .... jugando al fútbol.
21. El próximo día 27 (haber) .... una manifestación de estudiantes contra la subida de tasas.
22. Nos prometió que el próximo lunes nos (llevar) .... al teatro.
23. El Congreso (aprobar) .... recientemente la ley del divorcio.
24. ¡Ya (ver, nosotros) .... si se publica esto!

25. Si no comieras tanto, no te (doler) .... el estómago.
26. Me dijo que nunca (viajar) .... por Europa.
27. Me comentó que no (ser) .... él quien (llamar) .... por teléfono tan tarde.
28. Salimos a dar una vuelta y de pronto (ponerse) .... a llover.
29. Una vez que (entrar) .... el Presidente, se levantaron todos.
30. Mientras esperaba los resultados, (fumarse) .... un paquete de cigarrillos.
31. El congreso (estar) .... muy concurrido.
32. Al final del curso los profesores (presentar) .... la memoria de actividades docentes.
33. (FUTURO) La gente (decir) .... de ti que (ser) .... un buen profesor.
34. Lo (hacer, yo) .... como tú dices, aunque sabes que no pienso así.
35. La organización (estar) .... dispuesta en un futuro a afrontar los gastos del transporte.
36. La semana pasada el partido (tener) .... que ser suspendido a causa del mal tiempo.
37. A primeros del año próximo (haber) .... una subida del precio de los carburantes.
38. Ayer a estas horas (estar, yo) .... en Madrid.
39. (FUTURO) El sábado me (decir, tú) .... si te (renovar) .... el contrato.
40. Anoche (soñar) .... que (tú ser) .... un indio y que (vivir) .... en una tribu.

APLICACIÓN. APARTADO B.

DETERMINAR EL VALOR QUE POSEEN LAS FORMAS
VERBALES EN NEGRITA EN LOS FRAGMENTOS
SIGUIENTES:

1. En casa de mi abuelo **se hacía** una comida importante,
la del mediodía. **Nos sentábamos** los tres a la mesa y
servía Agueda, la mujer del viejo pastor retirado, que
pasaba la mañana haciendo faenas en casa. Por la
noche, la comida **era** ligera y la **tomábamos** en una de
las mesitas plegables que había en el respaldo de las
cadieras[1], sentados en pieles de cordero. Al amor del
fuego **se estaba** bien. Sobre todo cuando **se oía** el cierzo[2] en la chimenea.

(R. J. Sender, *Crónica del alba*)

2. Una noche de invierno **llovía** en las calles de San Juan
de Luz; algún mechero de gas **temblaba** a impulsos del
viento, y de las puertas de las tabernas **salían** voces y

---

[1] *cadiera*: asiento largo con brazos y respaldo de madera, característico
de la cocina aragonesa. En el centro del respaldo de madera se pliega una
mesa extensible.
[2] **cierzo**: viento septentrional.

101

sonidos de acordeones. En Socoa, en una taberna, cuatro hombres sentados a una mesa, **charlaban**. De cuando en cuando uno de ellos **abría** la puerta de la taberna, **avanzaba** en el muelle, **miraba** al mar... El viento **soplaba** en bocanadas furiosas sobre la noche y el mar negros. En la taberna, Martín, Bautista, Capistún y un hombre viejo, a quien **llamaban** Ospitalech, **hablaban**...

(Pío Baroja)

3. Un hombre puede vivir del trozo de tierra que ha de cubrir sus huesos. (...) Durante el otoño **subía** al monte; en la primavera **bajaba** al río, y entre estaciones, en esos breves ocios del cazador-pescador, **paseaba** su gallarda vejez -boina calada, una vara de fresno en la mano-, su perpetua sonrisa de hombre de bien. A ratos, Isaac Peña **podaba** sus manzanos, **cataba** su colmena, **ordeñaba** la cabra y **charlaba** lenta, pausadamente, con sus convecinos.

(M. Delibes, Vivir al día)

4. En el verano, las tormentas no **acertaban** a escapar del cerco de los montes y, en ocasiones, no **cesaba** de tronar en tres días consecutivos.

(M. Delibes, Vivir al día)

5. Cada verano, los nublados **se cernían** sobre la llanura, y mientras el cielo y los campos **se apagaban** lo mismo que si llegara la noche, los cerros **resplandecían** a lo lejos como si fueran de plata.

(M. Delibes, Viejas historias de Castilla la Vieja)

6. Isaac Peña **era** la afabilidad, la modestia, la bonhomía. Nunca **se lamentaba**. Jamás **criticaba** a nadie.

(M. Delibes, Vivir al día)

7. Pues cumpla su palabra. **Se retira** a su camarote y en paz, bueno, puede pasear por donde quiera...

(R.Guerra Garrido, La mar es mala mujer)

8. Me **avisó** el maestro de Villagina que están concluyendo la vendimia y, a la tarde, **me agarré** la burra y **me fui** para allá.

(M. Delibes, *Diario de un cazador*)

9. La población de Castilla nunca fue excesiva. En la Edad Antigua la región **es**, como casi todas las regiones españolas, un crisol de razas.

(M. Delibes, *Vivir al día*)

10. A la vista de los informes pesimistas que llegan de todas partes la Delegación de Agricultura **ha impuesto** la veda de la perdiz en la provincia de Valladolid.

(M. Delibes, *El último coto*)

11. Si **llovía**, el valle **transformaba** ostensiblemente su fisonomía. Las montañas **asumían** unos tonos sombríos y opacos, desleídas entre la bruma, mientras los prados **restallaban** en una reluciente y verde y casi dolorosa estridencia.

12. No me preocupó el asunto, pero apenas **me metí** en el pinar, un tazado que andaba a la miera **me vino** con el mismo cuento.

(M. Delibes, *Diario de un cazador*)

13. Tú **te quedas** luego
cuidando las vacas,
y a la noche **te vas** y las **dejas**...
¡San Antonio bendito las guarda!...

Y a tu madre a la noche le **dices**
que vaya a mi casa,
porque ya eres grande
y te quiero aumentar la soldada.

(José Mª Gabriel y Galán)

14.   Así es el labrantín
La vida del pobre hombre **es** muy sencilla: **se levanta** antes que salga el sol; **se acuesta** dos o tres horas des-

pués de su puesta. En el entretanto, él **sale** al campo, **labra**, **cava**, **poda** los árboles, **escarda**, **bina**, **estercola**; **cohecha**, **sacha**, **siega**, **trilla**, **rodriga** los majuelos y las hortalizas, **escarza** tres o cuatro colmenas ...

(Azorín, España)

> **escardar**: arrancar las malas hierbas que crecen alrededor de las plantas.
>
> **binar**: en una tierra de labor, pasar por segunda vez el arado de reja por entre los surcos.
>
> **cohechar**: dar la última vuelta antes de la siembra.
>
> **sachar**: escardar la tierra sembrada para quitar las malas hierbas. En muchos lugares es sinónimo de **escardar**.
>
> **rodrigar**: colocar cañas o varas clavadas en la tierra para que los tallos y ramas de la planta puedan trepar y elevarse.
>
> **majuelo**: extensión de tierra plantada de viñas.
>
> **escarzar**: quitar los escarzos o panales de una colmena.

14.1. ¿Cómo era la vida del labrantín?
14.2. ¿Cómo será?
14.3. ¿Cómo sería?

15. Un automóvil de tipo americano **atravesaba** lentamente la explanada del muelle. Al volante **había** un hombre con uniforme azul y, amontonadas en el asiento trasero, Antonio **distinguió** dos muchachas rubias y una cáfila de chiquillos con sombreros tejanos. Tras describir un silencioso semicírculo, el coche **se detuvo** frente a la puerta del cine. Sin hacer caso del chófer que, con la gorra de plato en la mano, **se había precipitado** a abrirles la portezuela, las jóvenes **consultaron** el programa a través de la ventanilla. Sus caras descoloridas e insulsas **reflejaron** en seguida una viva contrariedad. Al cabo de unos momentos, con la misma suavidad con que antes **había frenado** -dócil como un bello animal doméstico- el vehículo **se puso** de nuevo en marcha y **desapareció** de su campo visual envuelto en una nube de polvo.

(J.Goytisolo, Señas de identidad)

16. **Había quedado** con un amigo por Argüelles, pero **me dormí** a media tarde y **salí** de casa con tanto retraso que cuando **llegué se había ido** ya.

(C. Martín Gaite)

17. Y **llegó** el día de su comunión, ante el pueblo todo, con el pueblo todo. Cuando **llegó** a la vez mi hermano **pude** ver que don Manuel, tan blanco como la nieve de enero en la montaña y temblando como niebla el lago cuando le hostiga el cierzo, **se le acercó** con la sagrada forma en la mano, y de tal modo le temblaba esta al arrimarla a la boca de Lázaro, que **se le cayó** la forma a tiempo que le **daba** un vahído. Y **fue** mi hermano mismo quien **recogió** la hostia y **se la llevó** a la boca.

(Unamuno, San Manuel bueno, mártir)

18. El viajero **sale** a la calle con Martín y **recorre** el pueblo. La plaza **parece** la de un pueblo moro; la fachada del Ayuntamiento **está** enjalbegada y **tiene** una galería con unos arcos graciosos en la parte alta. **Entran** en la plaza ocho o diez mulas trotando, sin aparejo alguno, conducidas por un mozo de blusa negra y larga tralla; **beben**, durante largo rato, en el pilón y después **se revuelcan** sobre el polvo, con las cuatro patas al aire. Un hombre viejo **está** sentado al sol, bajo los soportales.

(Cela, Viaje a la Alcarria)

> **enjalbegar**: blanquear una pared con cal.
> **tralla**: látigo.
> **pilón**: abrevadero, lugar donde beben los animales.

19. Pero lo más importante del jardín **era** el pozo. **Tenía** un brocal de piedra verde y un arco de hierro forjado para la polea. La polea **era** de madera y **chillaba** como una golondrina. El cubo **era** también de madera, sujeto con aros de hierro, como las cubas, y **pesaba** mucho. El pozo **era** muy hondo y **tenía** el agua muy clara. A medio nivel **se veía** un arco oscuro que **abría** una galería.

(R.Sánchez Ferlosio, Alfanhuí)

20. De 1890 a 1911 Lucien Briet **realizó** nueve expediciones por el Alto Aragón, cuatro de ellas en el entorno inmediato de Ordesa y Monte Perdido.

21. En el fondo de una capilla **se veía** una puerta abierta, con dos escalones para subir. La capilla **parecía** llena de misterio. En el altar **había** abierto un libro rojo. **Vio** también Alvaro, en otra capilla la estatua funeraria de un doncel leyendo un libro.

(P. Baroja, *La nave de los locos*)

22. El 9 de agosto de 1964, una cincuentena de países **firmaban** en Washington el acuerdo para integrarse en una organización mundial destinada al uso de los satélites de comunicación.

23.
El Consejo de Europa llama a combatir el racismo y la intolerancia.

Los treinta y dos jefes de Estado y de Gobierno de los países miembros del Consejo de Europa **firmaron** ayer en Viena una declaración que invita a todos los Estados del continente a hacer de Europa "un vasto espacio de seguridad democrática".

Asimismo **encargaron** al llamado comité ministerial, integrado por los titulares de Exteriores, que ponga en marcha instrumentos para combatir el racismo, la xenofobia, el antisemitismo y la intolerancia política y religiosa.

También **advierten** del peligro que representan los nacionalismos antidemocráticos al tiempo que **pidieron** respeto para las minorías nacionales.

Los dirigentes europeos, entre ellos el impulsor de la cumbre, el presidente francés Francois Mitterrand, el jefe del Gobierno español, Felipe González, y el canciller alemán, Helmut Kohl, **hacen** también un llamamiento a los dirigentes de los Estados surgidos de la desintegración de la antigua Yugoslavia para que pongan fin al conflicto y se sumen al proyecto de construcción de una nueva Europa unida y en paz.

24. FABULA

Era un muchacho inteligente
que prometía. En el colegio
sacaba nota y no era raro
que alguna vez fuera el primero.

Luego le dio por la bohemia,
la mala vida y por los versos.
Quiso probarlo todo y tuvo
hasta pasión de aventurero.

Durmió en las calles, vio países,
amó y le amaron, como un juego.
Pasó de largo sin fijarse
ni preguntar si había regreso.

Trató a la vida a latigazos
como si todo fuera eterno:
la juventud, las esperanzas,
las fantasías y los sueños.

Sin darse cuenta de que nadie
iba detrás, siguió corriendo.
Se quedó solo, dando tumbos
en la frontera entre dos tiempos.

(Javier Salvago, *Variaciones y reincidencias*)

25. Este era un molinero que tenía un molino y siempre les robaba a los que les compraba trigo. Tenía un celemín algo grande y cuando compraba un celemín[1], siempre le daban un poco más.

Y fue a confesarse con San Pedro y le preguntó el santo:

–¿Has hurtado alguna vez?

Y el molinero le contestó:

–No, nunca he hurtado. Lo único que hago es que con un celemín un poco grande que tengo hurto siempre un poco de trigo a los que me lo venden.

1 **celemín**: medida de capacidad para áridos (semillas que se pueden medir como líquidos) equivalente a 4,625 litros.

26.   JAVIER SALVAGO (jr.)

Javier Salvago **tiene** por delante la vida.
el mundo le **sonríe** y él lo **observa**,
lo **toca** y lo **escudriña**,

con sus pringosas manos, con sus ojos atentos,
como un explorador, infatigable,
para el que todo es nuevo.

Javier Salvago **sale** zumbando de la cama,
cuando el sol ni siquiera se ha quitado
del todo las legañas.

Le **espera** la aventura de inventar algún juego.
Hay tanto que buscar, que romper, tantos
inocentes secretos,

tantas cosas que pueden resultar divertidas,
importantes, grandiosas y hasta mágicas
si él las **toca** y las **mira**,

Javier Salvago **vive**, como un gato, a su aire,
haciendo todo eso que los otros
dicen que no se hace.

(Javier Salvago, Variaciones y reincidencias)

27. **Describiré** brevemente y por su orden estos ríos, empezando por el Jarama: sus primeras fuentes **se encuentran** en el gneis de la vertiente sur de Somosierra (...). **Corre** tocando la provincia de Madrid, por La Hiruela (...). **Entra** luego en Guadalajara, atravesando pizarras silurianas.

(R. Sánchez Ferlosio, El Jarama)

28. Los pazos de Ulloa **están** allí -murmuró, extendiendo la mano para señalar a un punto del horizonte-. Si la bestia **anda** bien, el camino que queda pronto se **pasa**. Ahora, que **tiene** que seguir hasta aquél pinar, ¿ve?, y luego *cumple* torcer a mano izquierda, y luego *cumple* bajar a mano derecha, por un atajillo, hasta el crucero... En el crucero ya no **tiene** pérdida, porque se ven los pazos, una construcción muy grandísima.

–Pero... ¿como cuánto **faltará**? -**preguntó** con inquietud el clérigo.

(E. Pardo Bazán, Los pazos de Ulloa)

29. 17 de agosto. –**He subido** a los altos con Miguel, el veterinario, para aprender las lindes de lo nuestro. El domingo 23 se **levanta** la codorniz. Cada vez **hay** más hazas en estos páramos y, consecuentemente, también **aumenta** la codorniz. **Estoy** convencido de que a este pájaro le **gustan** los altos, y ahora que **desaparecen** linderos y espuendas con la concentración en la Castilla llana, la codorniz **está** más a gusto aquí. (...) Al bajar, el veterinario me **estuvo** enseñando un té silvestre que **se cría** en las rocas de Las Puertas. Las plantitas **crecen** en los resquicios más inverosímiles, allá donde se **forma** un poco de mantillo. **Tiene** un olor muy aromático, más parecido a la manzanilla que al té.

30. **Se llama** coeficiente de dilatación lineal de un sólido al aumento de longitud que **experimenta** cada unidad de longitud de dicho sólido al elevar su temperatura a un grado centígrado.

31. EL TIEMPO

Si **vas** deprisa
el tiempo **volará** ante ti,
mariposilla esquiva.
Si **vas** despacio
el tiempo **irá** detrás de ti,
obediente buey manso.

(Juan R. Jiménez, Arenal de eternidades)

32. Ahora, luz tardía, **estarás** sola, levantándote ya de lo más mío, pensando toda en mí, sin fe, sin esperanza y sin consuelo; y **te saldrás** desvanecida al ocaso, con la única alegría de tu vuelta (...) cuando tu sol te llame ya en silencio y tú no puedas ya detenerte.

(Juan R. Jiménez, En el otro costado)

33. Como **podrás** ver, Juan **llegará** mañana. El me **aseguró** que **vendría** y no **faltará** a su palabra. Generalmente **cumple**. No **me atrevo** a decir lo mismo de su hermano: **Se excusará** y **afirmará** que **está** enfermo.

34. **Entró** en el dormitorio y **se miró** en el espejo. El fulgor de los anuncios luminosos **se multiplicaba** reflejado en todas las paredes de la lujosa habitación y **arrancaba** destellos rojizos de la cabellera de mister Woolf. Su figura le **pareció** misteriosa e interesante. **Cogió** el abrigo y el sombrero y **se dirigió** al pasadizo que llevaba a su rápido ascensor particular.

(C.Martín Gaite, Caperucita en Manhattan)

35. **Hablamos** todo el tiempo de mujeres, de bailes, de novias, febriles por comunicarnos nuestro común y secreto ardor por la hembra, como dos que se descubren filatélicos, numismáticos o drogadictos. Fue el primer hombre con el que **pude** hablar a gusto de mujeres. La primera persona con quien **pude** hablar de esto. Con mi primo, imposible. Su amor **era** una cosa cerrada, perfecta, lograda, completa, un amor epistolar con novias lejanas, sentimentales y lluviosas. Su amor **se traducía** en el laúd, las fotos que le **enviaba** ella por correo y las largas cartas que **se cruzaban**, ella con su letra picuda de niña bien, él con su letra redonda de estudiante aplicado.

(F. Umbral, Las ninfas)

36. Mira, Platero, el canario de los niños **ha amanecido** hoy muerto en su jaula de plata. **Es** verdad que el pobre **estaba** ya muy viejo... El invierno último, tú **te acuerdas** bien, lo **pasó** silencioso, con la cabeza escondida en el plumón, y al entrar esta primavera, cuando el sol **hacía** jardín la estancia abierta y **abrían** las mejores rosas del patio, él **quiso** también engalanar la vida nueva y **cantó**; pero su voz **era** quebradiza y asmática, como la voz de una flauta cascada.

El mayor de los niños, que lo cuidaba, viéndolo yerto en el fondo de la jaula, **se ha apresurado** lloroso a decir:

–¡Puej no l'a faltao na; ni comida, ni agua!.

No. No le **ha faltado** nada, Platero. **Se ha muerto** porque sí –diría Campoamor, otro canario viejo...

Platero, ¿**habrá** un paraíso de los pájaros? ¿**Habrá** un vergel verde sobre cielo azul, todo en flor de rosales aúreos, con almas de pájaros blancos, rosas celestes, amarillos?.

Oye: a la noche, los niños, tú y yo **bajaremos** el pájaro muerto al jardín. La luna **está** ahora llena, y a su pálida plata el pobre cantor, en la mano cándida de Blanca, **parecerá** el pétalo mustio de un lirio amarillento. Y lo **enterraremos** en la tierra del rosal grande.

A la primavera, Platero, **hemos de ver** al pájaro salir del corazón de una rosa blanca. El aire fragante **se pondrá** canoro y **habrá** por el sol de abril un errar encantado de alas invisibles y un reguero secreto de trinos claros de oro puro.

(Juan R. Jiménez, Platero y yo)

37. España en el siglo XVI **vive** su época más gloriosa y memorable... En su Monarquía nunca **se pone** el sol. (...) En aquel gran Imperio la lengua **es** considerada como una de las armas más potentes. Por eso, nunca como entonces **se cree** necesario exaltar, estudiar y cultivar con perfección suma el idioma...

(J. Oliver Asín, *Introducción al estudio de la lengua española*)

38. **Sale** de Vivar el Cid con su gente, dejando sus palacios yermos y desmantelados. Las puertas **quedan** abiertas, sin cerraduras; las perchas, sin ropas y sin halcones. Al llegar a Burgos, nuevas señales de la ira del rey: **había prohibido** don Alfonso que *diesen posada* o vendiesen *vianda* al Cid desterrado...; la pena con que las cartas reales **amenazaban** al que acogiese o socorriese al de Vivar **era** la confiscación y la ceguera, esto es, la pena de los que desacataban las órdenes del rey... Don Rodrigo, al ver que nadie **osa** abrirle su puerta, **tiene** que acampar en la *glera* del río Arlanzón, como si fuese en despoblado...

Dispuesto a partir, el Cid **recogió** su tienda. Desde la orilla del Arlanzón **mira** allá arriba extenderse la ciudad coronada por el castillo; **mira** la románica catedral de Santa María, que entre el caserío **se adelanta** y **descuella** como un adiós solemne...

El Cid y sus caballeros **aguijaron** de noche en dirección a San Pedro de Cardeña, donde **se había refugiado** doña Jimena con sus hijos para pasar allí la soledad en que el destierro la dejaba... El abad y los monjes **salieron** con *candelas* a la puerta; también **salió** doña Jimena con los niños Diego, Cristina y María, llevados por las *dueñas* que los **criaban**; el mayor de los hijos **tenía** seis años y la menor **estaba** todavía en brazos. Doña Jimena **cayó** de rodillas ante el Cid y le **besó** las manos... Mío Cid la **abraza**; **toma** después a sus hijos y los **estrecha** contra el corazón... Las campanas de Cardeña **tocan** a clamor, y los pregoneros **anuncian** por Castilla que el Campeador **se va** de la tierra, que **necesita** gentes y que los que quieran acudir se reúnan en el puente del Arlanzón... Se **juntan** hasta ciento quince caballeros; todos **se dirigen** a Cardeña y **besan** la mano del Cid, haciéndose sus vasallos.

Ya **expira** el plazo de nueve días que el rey **daba** al Cid para salir del reino. El campeador **se despide** de su mujer y de sus hijos. **Se separa** de ellos con el dolor de la uña que

se separa de la carne. El desterrado y sus vasallos **cabalgan**. El **va** el último, volviendo atrás su mirada a cada instante... En el camino se le **unen** más hombres. El Cid **sale**
de Castilla trasponiendo la sierra de Miedes...

(R. Menéndez Pidal, La España del Cid)

> **glera**: paraje arenoso o lleno de pedruscos.
>
> **candelas**: telas, hachones de madera resinosa.
>
> **dueñas**: mujeres encargadas del cuidado y alimentación de los niños.

39. **Surgen** con ecos fantásticos las casas blancas sobre el
monte... Enfrente, las torres doradas de la Alhambra
enseñan recortadas sobre el cielo un sueño oriental.
El Dauro **clama** sus llantos antiguos lamiendo parajes
de leyendas morunas. Sobre el ambiente **vibra** el sonido
de la ciudad.
El Albayzín **se amontona** sobre la colina alzando sus
torres llenas de gracia mudéjar... **Hay** una infinita armo-
nía exterior. **Es** suave la danza de las casucas en torno al
monte. Algunas veces, entre la blancura y las notas rojas
del caserío, **hay** borrones ásperos y verdes oscuros de las
chumberas... En torno a las grandes torres de las iglesias
aparecen los campaniles de los conventos luciendo sus
campanas enclaustradas tras las celosías. (...) En los días
claros y maravillosos de esta ciudad magnífica y gloriosa, el Albayzín **se recorta** sobre el azul único del cielo,
rebosando gracia agreste y encantadora.
Son las calles estrechas, dramáticas, escaleras rarísimas
y desvencijadas (...). Por algunas partes las calles **son**
extraños senderos de miedo y de fuerte inquietud. (...)
Otras, **son** remolinos de cuestas imposibles de bajar, llenas de grandes pedruscos, de muros carcomidos por el
tiempo, en donde **hay** sentadas mujeres trágicas idioti-
zadas, que **miran** provocativamente.

(F. García Lorca, Impresiones y paisajes)

> **tapiales**: paredes formadas por trozos de tierra amasada y apisonada.

40. Una mujer fláccida, expresándose con la misma voz asmática de antes, la **invitó** a pasar al interior. Su rostro **se asemejaba** a una de esas imágenes pálidas de Semana Santa que parecen salidas de otra dimensión. Mientras **hablaba**, la mujer **arrugó** el entrecejo en un gesto de rigor, y numerosos pliegues morados **descendieron** desde la frente hasta su boca significándole una ancianidad engañosa. **Pertenecía** a ese tipo de mujeres a las que, según el momento o circunstancia, se les puede imputar cualquier edad.

(T. Martínez García, Julia en el mundo de las sombras)

41. –¿Quién **es**?– preguntó.

–Una joven **se interesa** por ti– **explicó** su hermana desde la penumbra. Después **interrogó** a Julia sin recato, enlazando la última articulación de su voz con la pregunta a través de un extraño puente anómalo e irracional: ¿Maestra nueva?

Julia **expresó** con la cabeza un gesto de negación. A continuación **vio** al hombre detenido en la mitad del pasillo: la luz que **escapaba** de la habitación contigua **encendía** su cabello blanco con promiscuidad, suavizando los rasgos fuertes de su rostro.

–Adelante –**suplicó** el sacerdote.

Después **comenzó** a sonreir trivialmente y una multitud de finísimas sombras **aparecieron** en su frente bajo sus ojos cenicientos. Ella **descubrió** entonces la senitud del hombre y **se deslizó** confiada en el paisaje incierto de la habitación.

(T. Martínez García, Julia en el mundo de las sombras)

42. La mujer **regresó** de nuevo a la habitación. **Depositó** sobre la mesa un vaso con agua y **extrajo** una gragea de una cajita anaranjada. El sacerdote la **dejó** reposar por unos instantes sobre la palma de su mano derecha, en un acto inconsciente de reverencia, después la **llevó** sistemáticamente a la boca con un movimiento rápido y preciso. La mujer **volvió** a coger el vaso y, tras un gesto brusco, caminando con arrogancia, **desapareció** por el pasillo.

(T. Martínez García, *Julia en el mundo de las sombras*)

43. 1961. En este tiempo, José Luis Sampedro, aunque tenga ya dos novelas en su haber, no es un autor famoso. Su éxito **llegará** veinte años después, con *Octubre, octubre*.

44. **Quitó** la almohada, quedándose con las rótulas apoyadas en el santo suelo; **alzó** los ojos, buscando a Dios más allá de las estampas y de las vigas del techo, y, abriendo los brazos en cruz, **comenzó** a orar fervorosamente en tal postura.

El ambiente **se volvió** glacial; una tenue claridad, más lívida y opaca que la de la luna, **asomó** por detrás de la montaña. Dos o tres pájaros **gorgearon** en el huerto; el rumor de la presa del molino **se hizo** menos profundo y sollozante. La aurora, que sólo tenía apoyado uno de sus rosados dedos en aquel rincón del orbe, **se atrevió** a alargar toda la manecita, y un resplandor alegre, puro, **bañó** las rocas pizarrosas, haciéndolas rebrillar cual bruñida plancha de acero, y **entró** en el cuarto del capellán, comiéndose la luz amarilla de los cirios. Mas Julián no **veía** el alba, no **veía** cosa ninguna... Es decir, sí; **veía** esas luces que enciende en nuestro cerebro la alteración de la sangre [...]. **Sentíase** desvanecer y morir; sus labios no **pronunciaban** ya frases, sino un murmullo que todavía conservaba tonillo de oración. En medio de su doloroso vértigo **oyó** una voz que le pareció resonante como toque de clarín... La voz decía algo. Julián **entendió** únicamente dos palabras: "Una niña".

(E. Pardo Bazán, *Los pazos de Ulloa*)

45. Buenas noches. Continua la inestabilidad, y por lo tanto eso quiere decir que **va a continuar** lloviendo. Sin embargo hay unos pequeños cambios no muy importantes para este fin de semana y de eso **vamos a hablar** inmediatamente. Hoy **ha pasado** un frente, **ha dejado** chubascos, pero sobre todo esta tarde la inestabilidad **se ha centrado** aquí en el Mediterráneo, y **ha llovido** en el archipiélago balear y en las comunidades de Valencia y de Murcia. Y atención a este frente. Lo vemos ahora representado en el mapa de superficie previsto por el Instituto Nacional de Meteorología que mañana **estará** sobre la Península y que **dejará** chubascos. **Veremos** también que continúan las bajas presiones en el Mediterráneo. Y todo hace pensar que mañana **va a llover** por lo menos desde primeras horas en la mitad occidental. De tal manera que los cielos **estarán** nubosos o muy nubosos en Galicia y en el Cantábrico con chubascos moderados que **serán** de nieve en zonas altas. Las temperaturas **descenderán** moderadamente. Los vientos **serán** de componente oeste, moderados. Chubascos desde primera hora en Castilla-León que **irán** descendiendo progresivamente por toda la zona. En zonas altas del Norte y del Sistema Central **podrán** ser de nieve o agua nieve. Descenso moderado de las temperaturas en la Meseta y ligero en la Rioja y en Navarra. Vientos flojos de dirección noreste en Castilla y León. Aumento progresivo de la nubosidad en Extremadura, Madrid y Castilla-La Mancha con chubascos más frecuentes por la tarde y que **serán** de nieve o agua nieve en el Sistema Central y en el Ibérico. Moderado descenso de las temperaturas, intervalos moderados de viento del noroeste. Aumento de la nubosidad también en Andalucía, Ceuta y Melilla, con chubascos dispersos que **serán** de nieve en zonas altas. Descenso moderado de las temperaturas en las provincias occidentales y ligero en el resto. Vientos de componente oeste, moderados en general, aunque **soplarán** rachas fuertes en el estrecho y en el Mediterráneo. Bancos de niebla y cielos muy nubosos en Cataluña con chubascos tormentosos que **disminuirán** en intensidad por la tarde. En Aragón intervalos nubosos con chubascos más frecuentes en los Pirineos. Temperaturas en ligero descenso. Chubascos ocasionalmente tormentosos en Baleares y aumento de la nubosidad durante el día en Valencia y en Murcia. En el archipiélago **descenderán** un poco las temperaturas. En Valencia y en Murcia **subirán** moderadamente, pero también hay que hacer notar que las noches **serán** más frías. En Baleares **soplarán** vientos moderados del norte y en el resto moderados del oeste. Y en Canarias habrá intervalos nubosos en el norte de las islas y cielos despejados o casi despejados en el sur. Ligero descenso de las temperaturas y vientos moderados en el Norte. En cuanto al fin de semana **vamos a ver** los cambios.

(de un parte meteorológico)

APLICACIÓN. APARTADO C.

COLOCAR LOS INFINITIVOS QUE VAN ENTRE
PARENTÉSIS EN LA FORMA ADECUADA:

1. (PASADO) Me (llegar, yo) .... a los majuelos y
(ponerse, yo).......... a manearlos con calma. La Doly
(estar) .... alegre y (cazar) .... a la mano, pero
hizo dos muestras en falso y otra a un engañapastor. ¡No
aprenderá nunca la condenada! En un barco (caer, yo)
.... un lebrato que venía levantado de sabe Dios
dónde. Después (tirarse, yo) .... dos horas pateando
el bacillar sin resultado. (Ver, yo) .... un bando de
perdices en Pekín. También (ver) .... un zorro manco
gazapeando a un kilómetro, en una pimpollada. De
regreso (toparse, yo) .... con un perro negro, acosta-
do junto a las ruinas del transformador. La Doly (empezar) .... a gruñir y (ponérsele, a ella) .... de
punta los pelos del espinazo. La (llamar) .... y (acer-
carse, yo) .... al paredón con tiento. El animal (incor-
porarse) .... con las orejas gachas y ciertamente
(mirar, a mí) .... torcido.

(M. Delibes, *Diario de un cazador*)

2. Al día siguiente, San Erasmo y Santa Blandina, antes de salir el sol, el niño **bajó** de nuevo al huerto. La calina (difuminar) .... las formas de los tesos que (parecer) .... más distantes, y en las plantas (condensarse) .... el rocío. Junto al ribazo (volar) .... ruidosamente una codorniz, en tanto los grillos y las ranas que (anunciar) .... ruidosamente la llegada del nuevo día, (ir) .... enmudeciendo a medida que el niño se aproximaba. Ya en el huerto, el Nini (apostarse) .... en un esquinazo junto al arroyo, y, apenas transcurridos diez minutos, un rumor sordo, semejante al de los conejos embardados, le (anunciar) .... la salida del topo.

(M. Delibes, *Las ratas)*

3. FUMADORES PASIVOS

El 40% de la población (estar) .... expuesta diez o más horas a la semana al humo del tabaco de forma pasiva. Según las autoridades sanitarias, el impacto sobre la salud de este tipo de contaminación (ser) .... dos veces superior al resto de contaminantes que pululan en la atmósfera en espacios cerrados.

La Agencia de Protección Ambiental de Estados Unidos (llegar) .... a la conclusión, basándose en estudios científicos, de que la exposición al humo del tabaco en el ambiente (suponer) .... un importante impacto en la salud pública.

El humo del tabaco ambiental (ser) .... un cancerígeno pulmonar en los adultos, a la vez que responsable de 3.000 muertes anuales por cáncer de pulmón en Estados Unidos. En los niños, el mismo elemento tóxico (presentar) .... una relación causal con el incremento del riesgo de infecciones y dolencias como la bronquitis, neumonía, supuración de oído medio, síntomas de irritación de vías respiratorias y reducción de la función respiratoria. Los riesgos de tabaquismo pasivo (ser) .... especialmente evidentes en hijos de mujeres que (fumar) .... durante el embarazo. El peso medio de estos niños al nacer (ser) .... 200 gramos menos que el de niños de madres no fumadoras. Las madres que involuntariamente (inhalar) .... el humo del tabaco (padecer) .... mayores riesgos de aborto y parto prematuro. Irritación ocular, lacrimeo, tos, síntomas nasales y dolor de cabeza (ser) .... otros síntomas claros que sufren los fumadores involuntarios.

4. LA LLUVIA **SEMBRO** EL CAOS EN VALLADOLID

El corrimiento de tierras que (provocar) .... la rotura del principal depósito de agua de Laguna de Duero, los espectaculares accidentes de tráfico ocurridos en las carreteras y una actividad inusual de los bomberos, (ser) .... los principales efectos de una tromba de agua que (dejar) .... en la capital más de 50 litros por metro cuadrado. Ayer, a última hora, (producirse) .... un espectacular accidente en la plaza de España tras la caída de un árbol de grandes dimensiones sobre un vehículo.

5. EL CORAZÓN DE LOS PIRINEOS

Hace 75 años las praderías de verano, las majadas de trashumancia y comunidades de leñadores (componer) .... casi exclusivamente el paisaje humano de Ordesa. Hoy el espacio geográfico que integra el corazón de la cordillera Pirenaica, el más antiguo, junto con Covadonga, en ostentar la distinción de Parque Nacional –fue declarado el 16 de agosto de 1918–, (recibir) .... alrededor del medio millón de visitantes al año. Si a mediados de siglo el éxodo masivo (dejar) .... los pastizales vacíos de ganado, los pueblos sin moradores y los caminos abandonados, en las dos últimas décadas la presencia multitudinaria y continua de visitantes –ya sean montañeros o simples turistas–, el ruido y la erosión de los senderos (producir) .... también importantes alteraciones en el paisaje del parque nacional, sobre todo en las zonas más transitadas.

Cuando en los años setenta la UNESCO (designar) .... el entorno como una de las grandes reservas de la biosfera, su extensión (abarcar) .... poco más de dos mil hectáreas. La ampliación de esta superficie a quince mil (producirse) .... en 1982, cuando (cambiar) .... también su nombre por el de Parque Nacional de Ordesa y Monte Perdido. Se (añadir) .... una zona periférica de protección de casi veinte mil hectáreas, compatible con los aprovechamientos tradicionales, cuyo uso se (garantizar) .... a condición de conservar las cualidades del territorio, y una llamada zona de influencia, que (incluir) .... las localidades y municipios dependientes de su riqueza por tradición y cultura.

Todo el parque nacional (estar) .... lleno de vías naturales, algunas muy poco frecuentadas, que (abrir) .... para su estudio los montañeros en el siglo pasado.

Uno (poder) .... elegir hasta un centenar de sendas diferentes, según las fuerzas y el tiempo de que se disponga. El valle de Ordesa, un cañón socavado por un glaciar, descubierto por el francés Ramond de Carbonnières, (ser) .... el núcleo central y una de las rutas más visitadas. A lo largo del río Arazas, desde el estruendo de sus cascadas, los circos de Carriata y Cotatuero, el Torzal del Mallo, las gradas de Soaso y la Cascada de la Cola de Caballo, (ser) .... las atracciones más conocidas, entre una vegetación densa y oscura y las murallas grises de la piedra desnuda. La entrada directa al parque (estar) .... en la localidad de Torla. (Haber) .... una oficina de ICONA y un aparcamiento que se (cerrar) .... cuando su capacidad de 600 vehículos (saturarse) .... Además de Ordesa, (existir) .... otros cuatro valles principales. En el de Bujaruelo, en la cuenca del río Ara, (haber) .... itinerarios que recorren grandes masas forestales o praderas anchas, siempre con el agua como guía. Aunque en realidad (estar) .... fuera de los límites del parque, (ser) .... una continuación de éste por sus características geográficas. En el valle de Añisclo, el río Vellós (trazar) .... una hendidura en las montañas por donde el agua (buscar) .... camino entre el bosque; tiene recorridos cómodos y otros bastante exigentes. Entre este valle y el de Ordesa, el puerto de Goriz (desplegar) .... magníficos pastos de estío que antaño (alimentar) .... a más de 30.000 ovejas; la entrada de los ganados en el puerto a mediados de julio (ser) .... una jornada de celebración. La puerta de Añisclo se (abrir) .... en las localidades de Escalona, Fanlo o Vio.

La garganta de Escuaín, bañada por el río Yaga, (presentar) .... analogías con los anteriores; las paredes enmohecidas y tapizadas de vegetación le (dar) .... un aspecto misterioso. A ella se (acceder) .... por el pueblecito de Escuaín, que (quedar) .... casi deshabitado hace veinte años y (estar) .... conociendo un progresivo aumento de su población, principalmente joven y artesana. En casi todos los casos, el concepto de valle no (estar) .... relacionado sólo con la geografía, sino también con la organización social y económica del territorio.

Al valle de la Pineta, uno de los más bellos y espectaculares de todo el Pirineo, se (llegar) .... por la villa de Bielsa, a 15 kilómetros de la frontera con Francia. Su aislamiento (mantener) .... vigente el belsetán, dialecto variante del francés, aragonés y vasco –algunos pueblos fueron colonizados por gente del oeste–, hoy casi perdido. El pueblo (ser) .... prácticamente arrasado en 1938, cuando algunas unidades republicanas (quedar) .... aisladas en lo que se (llamar) .... "la bolsa de Bielsa", desde donde (exiliarse) .... a Francia.

La carretera del valle (seguir) .... el curso del río Cinca hasta el Parador Nacional del Monte Perdido, donde (terminar) .... frente al macizo de Tres

Hermanas, las cumbres más altas de todo el parque: el Cilindro de Marboré, el Soum de Ramond y el Monte Perdido. Junto al parador, que (ser) .... un verdadero balcón para admirar estos colosos de piedra y nieve, (encontrarse) .... la ermita de Nuestra Señora de la Pineta, románica, de raíces precristianas y pastoriles, reconstruida a mediados de siglo.
Al otro lado del río (haber) .... una magnífica pradera donde se (permitir) .... la acampada.

6. Los ingleses (sentir) .... el croquet como una de las señas de su peculiaridad. (Ser) .... algo más que el juego de hierba por excelencia y el entretenimiento preferido de muchas familias. Nada en el mundo (parecer) .... cautivarlos tanto, enfrascarlos en bizantinas discusiones por la menor de las nimiedades hasta casi perder la compostura. Y todo por el empeño –infantil, se diría– de introducir antes que el rival una bola de corcho por un aro de metal.
El croquet siempre (ser) .... así: apasionante. Como si el tiempo no hubiese conseguido silenciar las diatribas que su difusión en el último cuarto del siglo pasado (levantar) .... entre las puritanas mentes victorianas de la época. Entonces no se (discutir) .... de reglas, sino de salud moral. El entusiasmo de las mujeres por el croquet nunca (ser) .... bien visto.
Poco se (saber) .... a ciencia cierta sobre el origen del croquet, aunque los ingleses, que (venerar) .... sus tradiciones, lo (remontar) .... varios siglos atrás y (afirmar) .... que se (jugar) ...., incluso, en el siglo XVI. Un testimonio de entonces lo (describir) .... como "un juego en que una bola de madera es golpeada con un mazo a través de un arco, ganándolo quien lo hace en el menor número de golpes o en el número acordado". Un grabado de época (representar) .... a la reina María de Escocia practicándolo. Casi con toda seguridad (proceder) .... del norte de Francia. La

misma palabra croquet (derivar) .... de la homónima francesa.

En 1857, John Jacques (dar) .... por cerrada la prehistoria del croquet con la publicación del primer libro sobre el mismo. El éxito (ser) .... tal que en 1867 Walter Jones-Whitmore (organizar) .... el primer campeonato, en Evesham. Se (disputar) .... en un campo de, aproximadamente, 20 x 15 metros y nueve aros. En 1870 la organización de los diferentes campeonatos (ser) .... asumida por la Asociación de Croquet y Tenis, con sede en Wimbledon, que ese mismo año (redactar) .... el primer reglamento oficial. El campo se (extender) .... hasta los 46 x 32 metros, mientras el número de aros (ser) .... reducido a seis. Al año siguiente se (acordar) .... las dimensiones y el número de aros actuales, y la doble vuelta.

A diferencia del tenis y de otros juegos de hierba, el croquet no (ser) .... un deporte de espectadores. Ni siquiera su creciente popularidad (conseguir) .... privarle de su carácter familiar. El croquet se (improvisar) .... en cualquier parque público y (admitir) .... jugadores de cualquier edad y condición física

7. Antonio Nogales y Pilar Fisac (atrapar) .... un día un pollo (de cárabo) al pie de un alcornoque, en su finca de El Gamo, próxima a Mérida. Le (acoger) .... con mucho afecto, le (alimentar) .... durante dos semanas, y, en tan poco tiempo, el pájaro (avenirse) .... gustosamente a vivir con ellos. Ya volandero, (pasar) .... el día oculto en la sierra próxima, y, al caer el sol, (regresar) .... a casa y, sin encomendarse a Dios ni al diablo, (penetrar) .... como un rayo por una ventana, (colgarse) .... de una lámpara de pesas en el salón y durante horas (dedicarse) .... a subir y bajar como un tío vivo. (Ser) .... un huésped simpático pero poco deseable: (enredar) .... con todo, (romper) .... cristales y porcelanas, (ensuciarse) .... sobre los muebles. Total, que el matrimonio

Nogales, ante la imposibilidad de corregirle, (decidir) .... un día, como en el cuento de Pulgarcito, abandonarle en el bosque. Le (trasladar) .... en coche a diez kilómetros de la finca y le (dejar) .... allí. Pero, ante su sorpresa, al retornar a casa se le (encontrar) .... columpiándose en la lámpara del salón, como si nada hubiera ocurrido. La segunda vez, el matrimonio le (llevar) .... aún más lejos, a veinte kilómetros, pero los resultados (ser) .... los mismos: el cárabo (regresar) .... Un tercer intento, hasta más allá de Mérida, a treinta y cinco kilómetros de la finca, tampoco (servir) .... de nada. La querencia del animalito y su sentido de orientación (ser) .... capaces de vencer cualquier obstáculo. El matrimonio Nogales, en el fondo un poco conmovido por la afectuosidad del bicho,no (tener) .... más remedio que resignarse a su compañía, (renunciar) .... a deshacerse de él, y juntos (convivir) .... dos años, hasta la muerte accidental del pájaro, guillotinado por una ventana.

(M.Delibes, *Tres pájaros de cuenta*)

8. (Vivir) .... la viuda y las dos hijas en la calle del Fúcar, en una casa sórdida de esas con patio de vecindad y galerías llenas de puertas.
(Haber) .... en casa de la viuda un ambiente de miseria bastante triste; la madre y las hijas (llevar) .... trajes raídos y remendados; los muebles (ser) .... pobres, menos alguno que otro indicador de ciertos esplendores pasados; las sillas (estar) .... destripadas, y en los agujeros de las esteras (meterse) .... el pie al pasar. La madre, doña Leonarda, (ser) .... mujer poco simpática; (tener) .... la cara amarillenta, de color de membrillo; la expresión dura, falsamente amable; la nariz corva; unos cuantos lunares en la barba, y la sonrisa forzada. La buena señora (manifestar) .... unas ínfulas aristocráticas grotescas, y (recordar) .... los tiempos en que su marido (ser) .... subsecretario.

(P Baroja, *El árbol de la ciencia*)

9. La historia de la aniquilación de las ballenas nos ayudará a comprender muchos otros problemas del mundo actual. Durante muchos años, hombres de diversos países, utilizando armas modernas y sumamente mortíferas, (ir) .... matando cada vez más ballenas. Antes de 1940, en aguas del Antártico, (nadar) .... una séptima parte de ballenas azules; en 1954, una décima parte; en 1963, una centésima parte; hoy en día no (existir) .... más que unos miles de ellas. Sin embargo, los cazadores de ballenas (saber) .... que esta matanza (llevar) .... a la total extinción de las mismas. La razón por la cual los hombres (querer) .... matar ballenas (ser) .... simplemente el beneficio y la codicia. Cuando hace algunos años todo el mundo (darse) .... cuenta de que las ballenas azules (desaparecer) .... casi por completo y de que otras muchas especies (estar) .... también en vías de desaparecer, los países balleneros (establecer) .... una Comisión Ballenera Internacional para demostrar su preocupación. Pero, a pesar de todo, la matanza de ballenas (seguir) .... su curso, porque ello es lo que pretendían algunos de esos países. Hasta ahora, los demás países (limitarse) .... a presenciarlo todo y vigilar; porque las ballenas no (pertenecer) .... a nadie en concreto, y por esta razón, nadie en concreto las (defender) ....
Este es precisamente el problema: las ballenas (constituir) .... un recurso común, pero que no (pertenecer) .... a nadie.

(de una Conferencia)

10. (PASADO). Cuando (soltar) .... las amarras, los dos bajeles se (lanzar) .... con un brinco desordenado cual fogosos corceles libres de toda traba. La muchedumbre (alinearse) .... a ambos lados del muelle. El Regidor de la isla (haber) .... querido presidir personalmente la ceremonia de partida. La nave capitana (ser) .... la primera en sobrepasar el banco de arena que (franjear) .... el océano. Un viento suave, pero constante, que (soplar) .... del sudeste, (hinchar) .... las velas cuadradas de los dos mástiles de proa y la vela triangular del palo de mesana.

(C. Nadir, *Los pórticos del mar;* trad.)

11. Uno de los sistemas de comunicación más notables en el mundo no-humano (ser) .... el de las abejas europeas. Imaginemos la ventaja evolutiva que supondrá para una abeja poder comunicar la ubicación de una fuente de alimento especialmente abundante a sus compañeras de colmena, cuando regresa a ésta. De hecho, la abeja (ser) .... capaz de hacerlo.
Los colmeneros y apicultores (venir) .... sospechando desde hace tiempo que las abejas (comunicarse) .... entre sí, en realidad, desde mucho tiempo antes de que se estableciesen científicamente las propiedades de dicha comunicación. Por ejemplo, los colmeneros (observar) .... que si una abeja libadora (acertar) .... a descubrir una fuente particularmente abundante de néctar o polen, poco tiempo después (aparecer) .... junto a esa fuente un considerable número de abejas pertenecientes al mismo panal. Se (haber) .... observado asimismo que (ser) .... posible que un gran número de abejas procedentes de un determinado panal se reuniesen todas junto al mismo tipo de fuente de alimento, en tanto que otro gran número de ellas procedentes de un panal adyacente extrajese el alimento de un tipo de flor totalmente distinta. Esta recogida de alimento (sugerir) ...., por parte de las abejas, una coordinación de esfuerzos que podía ser resultado de algún método de comunicación.
Estos hechos sobre la conducta de las abejas se (comprender) .... mucho mejor en nuestros días. Ahora (saber, nosotros) .... que las abejas, en efecto, (comunicarse) .... , y las investigaciones de Karl von Frisch y sus colegas (identificar) .... las propiedades más

importantes de su sistema de comunicación. Dichos investigadores (establecer) .... que cuando una abeja libadora (descubrir) .... un aprovisionamiento abundante de alimento, y regresa al panal, (ser) .... capaz de comunicar a sus compañeras un mensaje sorprendentemente complejo. El mensaje transmitido (ser) .... en realidad, un mecanismo de reclutamiento, que (indicar) ....a las compañeras de panal hasta qué distancia (haber) .... que volar, en que dirección (haber) .... que volar y el tipo de alimento que (haber) .... que buscar. ¿Cómo se (llevar) .... a cabo esto? El mensaje de la abeja exploradora (ser) .... comunicado a través de pautas de movimiento, llamadas danza, en las paredes verticales del panal. Dependiendo de la situación de la fuente de alimento con respecto al panal, se (dar) .... dos tipos de danza: la danza en círculo y la danza de la cola. Si la fuente (encontrarse) .... a una distancia comprendida dentro de 10 metros a la redonda del panal, la abeja (ejecutar) .... la danza en círculo. Para distancias que (superar) .... los 100 metros, la abeja (ejecutar) .... la danza de la cola.

(A.Akmajian y otros,
Lingüística: una introducción al lenguaje y la comunicación)

12. (PASADO) El sexto día (amanecer) ...\...... encapotado, pero cuando don Augusto (asomarse) .?...... a la ventana, el viento del oeste ya se (llevar) ...3.... gran parte de las nubes. El sol (ser) .4..... flojo y desvaído, como de invierno y, por todas partes, entre los árboles dorados, (alzarse) .....5.. mansas humaredas. (Ser) .6...... domingo y doña Magdalena y el niño (ir) ...7..... a misa de ocho. Antes de desayunar, don Augusto (ir) .8...... al cuarto de baño y (afeitarse) ....9.. . Luego (estar) .10..... un buen rato mirándose al espejo como si no reconociese aquella cara, aquellas mejillas suaves y fláccidas, quizá más viejas que antes.

(Ir) ...11.... a misa de doce y (volver) ...12.... despacio, paseando por el sol. El resto del tiempo, hasta la hora del almuerzo, (pasárselo) ..13.... sentado a la sombra de los tilos, ahora clara y amarilla. De las ramas más altas continuamente (desprenderse) ...14.... hojas marchitas, y despacio y sin ruido (caer) ..15... en torno al viejo en húmedo descenso. En determinado momento (sacar) ...16.... del bolsillo su cuaderno de tapas negras y en él (apuntar) ...17... unas breves notas.

Durante el almuerzo, (comer) ..18.... con bastante apetito. Después (hacer) .19.... la siesta en una butaca del comedor, mientras doña Magdalena y Bernardo (irse) ....20.... a la salita. En la salita el sol (colocarse) ..21.... oblicuamente por entre las rendijas de la persiana, estriando de amarillo los paneles azules, traspasando los cristalitos de colores, ahora resplandecientes como joyas. Las moscas (volar) ..22.... en torno a los brazos de la lámpara. El niño (estudiar) ..23.... su atlas, sentado en el sofá, y doña Magdalena (hacer) ..24.... ganchillo con los brazos muy pegados al costado. De vez en cuando, (echar) .25.... una mirada a los peces rojos.

A media tarde, don Augusto (llegarse) 26.... hasta la huerta de flores. Por el camino, tirada junto al bordillo, (encontrar) 27.... una grasienta bujía de automóvil. En la huerta, un viejo (doblarse) ...28... sobre los rosales. Las abejas (zumbar) 29.... al sol y el agua (borbotear) ..30.... al correr por las acequias. Parado ante la cerca del espino, don Augusto (mirar) ...31.... las flores.

Ya de vuelta, (pasar) 32.... ante un bar-bodega abierto en una gran casa de pisos de reciente construcción. No (entrar) 33...., sin embrago, (limitarse) 34.... a mirarlo parado en la acera de enfrente. Dentro, sus amigos (jugar) ..35.... una partida de naipes. El viejo del estanco, el tendero, el militar retirado. El dueño del local (asomar) ..36.... tras su moderna cafetera, iluminada con una pequeña luz verde, lo mismo que un sagrario. (Hablar) .37.... con dos o tres jóvenes acodados en el

130

mostrador. Alguien (soltar) .?.?.... una carcajada. En la
vidriera ya estaban escritos con pintura blanca los resultados de la Liga.
Don Augusto (volver) ...?.?... a su casa por las calles
vacías. El último sol (alargar) .?.?.... su sombra sobre la
escalera. Al llegar, (subir) ..?.?.... a la habitación del niño
sin llamar, como distraído. (Sentarse) ..?.?.... en la cama,
a su lado. Le (decir) ..?.?.... :
–Esta mañana, en la iglesia, (pensar) .?.?.... mucho, hijo.
(Pensar, yo) .?.?.... que (deber) ?.?.... perdonarnos los
unos a los otros, que (deber) .?.?.... afrontar con resig-
nación las pequeñas amarguras de la vida. Y la (perdo-
nar, yo) .?.?...., hijo; si ella me (golpear) ?.?...., yo le
(presentar) ?.?.... la otra mejilla. Borrón y cuenta nueva,
¿comprendes?

(L.Goytisolo, *Las afueras*)

13. (PASADO) Miranda lo (esperar) .... a caballo en el
lugar previsto, también sola, y lo (conducir) .... en
ancas por un sendero invisible. (Haber) .... amenazas
de lluvia con relámpagos y truenos remotos en el mar.
Una partida de perros oscuros (enredarse) .... en las
patas del caballo, latiendo en las tinieblas, pero ella los
(mantener) .... a raya con los arrullos tiernos que iba
murmurando en inglés. (Pasar, ellos) .... muy cerca
del ingenio azucarero donde sir London Lyndsay (escribir) .... los recuerdos que nadie más que él había de
recordar, (vadear) .... un arroyo de piedras y (penetrar)
.... del otro lado en un bosque de pinos, al fondo del
cual (haber) .... una ermita abandonada. Allí (desmon-
tar) .... y ella lo (conducir) .... a través del oratorio
oscuro hasta la sacristía en ruinas, apenas alumbrada por
una antorcha clavada en el muro, y sin más muebles que
dos troncos esculpidos a golpes de hacha. Sólo entonces
(verse, ellos) .... las caras. El (ir) .... en mangas de
camisa, y con el cabello amarrado en la nuca con una
cinta como una cola de caballo, y Miranda lo (encontrar)
.... más juvenil y atractivo que en el almuerzo.

14. En Escocia se (evaporar) ...., cada año, 20 millones de litros de alcoholes finos. Buena parte de ellos (escapar) .... de las destilerías de la zona del río Spey, al este de Inverness, donde se (producir) .... los mejores whiskys de malta de todo el país.
En esta región (estar) .... situadas las cuatro destilerías de Justerini & Brooks: Knockando, Glenspey, Strathmill y Blythswood, la planta de mezclado donde (estar) .... almacenados, en todo momento, unos 105 millones de litros de whisky en maduración. Estas cuatro destilerías (formar) .... la ruta particular del whisky J&B en el curso final del Spey, por cuyos afluentes (correr) .... las aguas más indicadas para la producción del licor.
La sala de alambiques de Strathmill (recordar) .... el puente de mando de un gran buque, donde el bronce (brillar) .... impoluto ayudado por los hedores de la destilación. En esta bodega, como en muchas otras a lo largo y ancho de este país, se (explicar) .... el proceso de fabricación del licor y sus diferentes variedades. (Existir) .... tres tipos. El de malta, el de maíz y el de mezcla. En la bodega de Knockando, que dirige Innes Shaw, se (organizar) .... catas con distintos whiskys de todo el país para demostrar la variedad de matices, colores y olores de cada uno. Las diferencias (ser) .... notables y apreciables por cualquier persona, por profana que sea.
El whisky de malta (cebada germinada) (obtenerse) .... de la fermentación de este cereal. Para su elaboración, tan sólo se (utilizar) .... agua de manantial, turba y levadura. La calidad del agua (determinar) .... el carácter; la turba se (usar) .... como combustible y (aportar) .... a la malta una fragancia ahumada, y la levadura se (usar) .... al comienzo del proceso de fermentación.
Los whiskys de malta de las Tierras Altas, por lo general, (ser) .... robustos y de sabor fuerte. Los que se (producir) .... en la zona final del río Spey (ser) ....

excelentes tanto para mezclar como para tomar solos. Los de las Tierras Bajas (ser) .... más suaves y delicados, restando fuerza a los de las Tierras Altas al mezclarse. Los de Campbeltown e Islay (poseer) .... un sabor ahumado y fuerte que (recordar) .... al yodo. El de maíz (ser) .... más suave. Este cereal, utilizado en el proceso de empastado (cocción de la malta molida en agua de manantial), (aportar) .... al licor el suficiente carácter como para tomar sin mezclarlo con otros tipos de whiskys. La mayor parte de las destilerías donde se produce (estar) .... en las Tierras Bajas. El que más se (consumir) .... (ser) .... el de mezcla. Cada bodega (tener) .... su propia fórmula. Las edades de los whiskys mezclados y su forma de combinar (dar) .... el carácter final del licor, su color y su olor. En Strathmill (explicar) .... a los visitantes el proceso de mezclado de unos y otros alcoholes, siempre bajo la supervisión del catador. Aunque los ordenadores y los modernos aparatos de medición (estar) .... presentes en todas las bodegas, esta persona (ser) .... el garante de que todas las botellas (poseer) .... los mismos matices, color, olor y sabor. Para ello, el contenido de cada tonel (ser) .... analizado cuidadosamente antes de embotellarse.

15.   La casa de la abuela
La abuela de Alfanhuí (vivir) .... en un segundo piso al que se (entrar) .... por un patio. El patio (estar) .... separado de la calle por una tapia y una portona y cercado de casas por los otros tres lados. A la derecha (haber) .... una escalera estrecha de piedra que (tener) .... una barandilla de hierro y una parra de moscatel. Al final de la escalera (haber) .... un descansillo largo como un balcón, cubierto también por la parra. A la derecha (abrirse) .... una puertecita baja y allí (vivir) .... la abuela.

El cuarto (ser) .... de techo bajo, con un encalado muy viejo y lleno de liquen. Enfrente de la puerta (haber) .... una ventana chiquita. El lecho de la abuela (ser) .... de madera oscura, ancho y largo. La cabecera (estar) .... sobre la pared de la izquierda. Sobre la cabecera (haber) .... un ramo de olivo. La abuela (tener) .... una mecedora junto a la ventana. La mecedora (tener) .... unos cojines muy aplastados; uno, para el respaldo, y el otro, para el asiento. En medio del cuarto (haber) .... una camilla y siete arcas junto a las paredes. Las arcas (ser) .... todas distintas y de distintos tamaños. En una esquina (haber) .... una escoba, y en la otra una palangana con su jofaina y su soporte. Enfrente del ramo de olivo (haber) .... una escopeta negra en la pared y un reloj grande de bolsillo, colgado por la cadena. El suelo (ser) .... de baldosines blancos y negros.

(R. Sánchez Ferlosio, *Alfanhuí*)

16. Mientras (conducir) .... el pequeño utilitario, Julia (ir) .... pensando que aquella carretera tortuosa por la que (circular) .... sólo (poder) .... llevarla al fin del mundo. Pero, después de sortear una última elevación rocosa, el paisaje (suavizarse) .... y, confundidas con los peñascos, (aparecer) .... las primeras casas del pueblo. (Ocupar) .... la inclinación particular del terreno de una manera casual y anfractuosa, representando en su contorno un marco singular y sugestivo. Nubarrones bajos y gastados (dejarse) .... caer como pesadas sombras sobre el relieve añejo y mugriento de los tejados, empañando la claridad de la mañana con el abandono sombrío y pausado de su tránsito. Las fachadas grises de las viviendas (contagiarse) .... de la acuarela melancólica del invierno y (dejar) .... escapar en la nostalgia de las calles sus colores ocres blanquecinos. (Ir) .... muriendo la cal en infinitos puntos escarpados que (formar) .... en la superficie de la pared extrañas figuras fantásticas y decorativas.

Mientras se (adentrar) .... en el interior de la pequeña población, Julia no (poder) .... percibir la variedad
de tantos detalles, ocupada como iba en mantener la tra-
yectoria normal del automóvil; pero (adivinar) .... en
el exterior toda esa gama de sensaciones mágicas que no
concurren en la ciudad.
Ahondando una vez más en la razón del viaje, (consi-
derar) .... nuevamente todos los pormenores que
(haber) .... de surgir a través del encuentro, y (pre-
guntarse) .... si no (resultar) .... más práctico
volver atrás, abandonar definitivamente todas aquellas
inquietudes que (propiciar) .... la aventura. Pero
(volver) .... a buscarse en el espejo reducido del
vehículo, en un intento de negociar con sus propios
pensamientos.
(Aparcar) .... el automóvil en una pequeña plazuela
desierta, provista de una graciosa fuente y rodeada en su
contorno por varios edificios vetustos y tradicionales.

(T. Martínez García, *Julia en el mundo de las sombras*)

17. Hecho esto, (rascar) .... con las uñas lo mayor del
barro seco que aún (conservar) .... pegado a las zan-
cas; (bajarse) .... las perneras que (tener) .... arre-
mangadas; las (dar) .... unos manotazos hacia los
pies; (frotar) .... luego ambas palmas contra las respectivas caderas; (liar) .... un pito, (echar) .... una
yesca, y la (encender) ....; y como quien se dispone a
tomar una resolución heroica, (restregarse) .... las
manos y (coger) .... con cada una de ellas una sarta
de pescado.

(Pereda, *La puchera)*

18. Don Juan (ser) .... un hombre como todos los hombres. No (ser) .... ni alto ni bajo; ni delgado, ni grueso.
(Tener) .... una barbita en punta, corta. Su pelo
(estar) .... cortado casi al rape. No (decir) .... nada
sus ojos; (mirar) .... como todos los ojos. La ropa que

(vestir) .... (ser) .... rica, pero con apariencias fas-
tuosas. (Hablar) .... con sencillez, (saber) ....
escuchar.

(Azorín, *Don Juan*)

19.   La buenaventura

Un caballero bien parecido y muy principal (prendarse)
.... de ti, y eso te lo (hacer) .... saber a la hora
menos pensada por medio de una mujer morena con un
lunar en el carrillo izquierdo, una verruga debajo de la
nariz y vestida de oscuro, con un pañuelo en la cabeza.
El caballero (hacer) .... tu suerte si no te niegas a
nada de lo que te ordene, ni de lo que disponga la mujer
que ha de hablarte de su parte. (Tener) .... por de
pronto el vestido de merino y las botas de charol que
(desear) ...., y (estar) .... muy poco tiempo sirvien-
do, porque tú (nacer) .... para mayores puestos. No
(decir) .... nada de esto a tu familia, ni a tus amos ni
a nadie, mientras no empiece a cumplírsete. Apurre
ocho cuartos y vete bendita de Dios que algún día me
(dar) .... las gracias.

(Pereda, *Tipos y pasisajes*)

20.   Recomendaciones finales

Así que yo cierre los ojos... Así que reces un poco por
mí..., (irse) .... al cortijo de Guadeluz, y en la sala baja
donde (estar) .... aquel arcón muy viejo y muy pesado
que dicen que (ser) .... gótico, (contar) .... a tu
izquierda desde la puerta, dieciséis ladrillos y (levantar)
.... el que hace diecisiete, que (tener) .... como la
señal de una cruz, y algunos más alrededor. Bajo los
ladrillos (ver) .... una piedra y una argolla; la piedra,
recibida con argamasa fuerte. (Quitar) .... la argamasa, (desquiciar) .... la piedra y (aparecer) .... un
escondrijo, y en él un millón de reales en peluconas y
centenes de oro.

(E. Pardo Bazán)

SOLUCIONES A LOS EJERCICIOS. APARTADO A.

I. 1. **cena**. Presente habitual, cíclico.
    2. **busca, halla**. Permanente, gnómico.
    3. **hierve**. Permanente, gnómico.
    4. **vamos**. Presente con valor de futuro.
    5. **hacemos**. Cuando el hablante pregunta por una ación que hay que emprender.
    6. **te devuelvo**. Con valor de futuro.
    7. **conquista**. Presente histórico.
    8. **se queda**. De conato.
    9. **comes**. En estructuras condicionales.
    10. **estamos**. Actual.
    11. **haces, trabajo**. Presente durativo.
    12. **estás**. Con valor de mandato.
    13. **acompañas, cenamos**. Valor de mandato.
    14. **se sortea**. Presente con valor de futuro. Expresa una acción cuya realización futura ha sido ya fijada de antemano.
    15. **cumplo**. Con valor de futuro.

II. 1. **celebramos**. Valor futuro.
    2. **haces, preparo** . Actual.
    3. **me llamas, me cuentas**. Mandato.
    4. **recojo**. Valor futuro.

5. **hace**. Durativo.
6. **tomo**. Valor futuro.
7. **sube**. Valor futuro.
8. **nace**. Histórico (con valor de pasado).
9. **estudias, tomamos**. Mandato.
10. **hago**. Durativo.

III. 1. **quería**. Imperfecto de cortesía.
2. **nevaba**. Acción continua cuando se realiza otra (**llegaste**).
3. **escuchaba**. Acción simultánea a otra.
4. **era, eras, era**. Imperfecto hipotético imaginativo. Frecuente en el habla infantil.
5. **era, tenía, vestía**. Descriptivo.
6. **venía**. De cortesía.
7. **dormía**. Acción continua cuando se realiza otra (= estaba durmiendo).
8. **terminaba**. De conato (= estaba a punto de terminar)
9. **hacía**. Acción simultánea a otra.
10. **salía**. De conato (= estaba a punto de salir).
11. **abría**. De repetición en el pasado. Acción habitual en el pasado, cíclica.
12. **estaba**. Imperfecto de contrariedad.
13. **accedía**. Valor concesivo.
14. **cerrábamos**. De conato (= estábamos a punto de cerrar).
15. **venía**. De cortesía.

IV. 1. tuve
2. dio
3. tuve, impidió
4. llamó, llamó
5. ha sucedido
6. tuvimos, ha sido
7. hablé, me dijo
8. he tenido
9. fueron, tuvieron
10. he esperado
11. he entregado, han respondido
12. he visto
13 ha estado
14 has estado, has hecho
15 ha subido
16 resolví

V.
1. me había ido
2. hubieron llamado
3. había nevado
4. se había levantado
5. hubo escrito
6. hubieron arreglado
7. había dicho
8 hubo sabido
9 habías salido
10. hubo terminado

VI
1. **escucharán.** Acción que se realizará en un momento determinado del futuro.
2. **pararás.** Mandato, obligación.
3. **notará.** Cortesía.
4. **será.** Incertidumbre.
5. **iremos.** Acción futura.
6. **será.** Concesivo.
7. **gustará.** Probabilidad.
8. **saldré.** De conformidad.
9. **harás.** Mandato.
10. **serás.** Sorpresa.
11. **tendrá, tendrá.** Probabilidad.
12. **diré.** Modestia, atenuación.
13. **tomarás** (obligación, mandato). **Te recogerán, te llevarán** (acción futura). **alquilarás, conducirás** (mandato, obligación).
14. **será.** Cortesía.
15. **estudiaré.** Acción futura.
16. **me pasaré, le exigiré.** Valor resolutivo.
17. **hará.** Acción futura.
18. **comerá.** Acción futura.
19. **estarán.** Probabilidad.
20. **tendrá.** Concesivo.

VII.
1. empezaré
2. me levantaré
3. empezarán, habrán terminado
4. empezará
5. tendrás
6. terminará/habrá terminado
7. habré llegado
8. habrá cambiado
9. comentará
10. contaré
11. estará
12. habré puesto

139

VIII. 1. **podrían.** Hipótesis.
2. **gustaría.** Expresión del deseo.
3. **serías.** Futuro del pasado.
4. **sería.** Concesivo.
5. **habría terminado.** Acción futura y terminada en relación a un determinado momento del pasado, pero anterior a otro momento señalado en la oración.
6. **me iría.** Deseo.
7. **llegarías.** Futuro del pasado.
8. **reaccionarías.** En estructura condicional.
9. **estaría.** Probabilidad.
10. **iría.** Concesivo.
11. **leería.** En estructura condicional.
12. **habría gustado.** Expresión del deseo en el pasado.
13. **Querría.** Cortesía.
14. **compraría, me pasaría.** En estructura condicional.
15. **tendría.** Histórico.
16. **viviría, iría, bebería, respiraría.** En estructura condicional.
17. **podríamos.** Cortesía.
18. **importaría.** Cortesía.
19. **contaría.** Modestia.
20. **habría saludado.** Carácter irreal; la acción hubiera ocurrido en otras condiciones.

IX. 1. sabía
2. llevaba, me lleva
3. está, hace
4. comeríamos
5. ha estado
6. había terminado
7. he estado
8. estuvo
9. se reunirán
10. nevó
11. soplaba, hacía

21. hay, habrá
22. habían robado, iba
23. hubo, hemos tenido
24. nos marcharemos
25. llegará, dirá
26. era, gustaba, me caí, me rompí
27. preguntaré
28. está
29. trabajaría
30. había dejado
31. tenía

12. he terminado/terminaré
13. estarán
14. llegaste, serían
15. solía/suelo
16. llegaría/llegaba
17. estaba/tenía
18. rogué
19. habré terminado
20. se arregló, iba, dijeron

32. saldré/voy a salir
33. habremos visitado
34. cumplió
35. recibí, dice, vendrá
36. habrá terminado
37. habían llegado
38. fue
39. se conocía
40. estoy

X.
1. habremos llegado
2. eran/serían
3. están
4. comemos
5. habías tenido
6. llega/llegará
7. publicó
8. podremos
9. tocó, había gastado

10. pasa/pasará
11. puso, se había saltado

12. tienen
13. sabremos
14. viajé, visité
15. quedan, están
16. viajaba
17. llega
18. estaba, sonó
19. esperáis
20. has llorado

21. se casará
22. se casaría
23. iremos
24. sería
25. jugará
26. hizo
27. soñé, venías
28. habrá salido
29. ha estropeado,
    habrán sido
30. salen
31. ha perdido, ha per-
    dido (seguridad)/
    habrá perdido
    (probabilidad)
32. visitarán
33. te habrás enterado
34. termino
35. he oído
36. gusta
37. estaban
38. tengo/tendré
39. se sentirá
40. alcanza, tiene

XI.
1. es
2. es
3. publicó
4. volveremos
5. llamaremos
6. tienes, tendrás, verás
7. gusta, será
8. preparará
9. ducho, tengo
10. callas, tienes
11. escribiré, sugeriré, hablamos
12. irás, llamarás
13. está
14. es
15. es
16. estudia
17. está
18. cae, es
19. era, llegaste
20. tiene, ha roto
21. habrá
22. llevaría
23. ha aprobado
24. veremos
25. dolería
26. había viajado
27. era, había llamado
28. se puso
29. hubo entrado/entró
30. se fumó
31. ha estado
32. presentarán
33. dirá, has sido
34. haré
35. está
36. tuvo
37. habrá
38. estaba
39. dirás, han renovado
40. soñé, eras, vivías

SOLUCIONES A LOS EJERCICIOS. APARTADO B.

1. Todos los imperfectos del texto tienen un valor de repetición en el pasado, señalando acciones que eran habituales en una época anterior. El último (**se oía**) indica una acción continua en el momento en el que se realizan otras.

2. Son imperfectos descriptivos. Descripción en el pasado de una noche de invierno.

3. Las formas verbales de este fragmento tienen todas ellas el sentido de repetición en el pasado, marcando acciones pasadas que se repiten de manera cíclica (*durante el otoño, en la primavera, entre estaciones, a ratos, ...*).

4. Los dos imperfectos son de reiteración en el pasado (*en el verano, en ocasiones*).

5. La primera forma verbal (**se cernían**) tiene en este fragmento el sentido de repetición en el pasado; la segunda (**se apagaban**) expresa una acción simultánea a otra (**resplandecían**).

6. Imperfectos descriptivos. Descripción de las cualidades de un hombre.

7. Se trata de un presente con valor de mandato, equivalente a un imperativo (*retírese*).

8. Los pretéritos indefinidos o pasados simples del fragmento indican la narración objetiva de acontecimientos pasados, sin ninguna perspectiva especial por parte del hablante.

9. Presente histórico. Acerca al presente una realidad del pasado.

10. El pretérito perfecto señala su relación con el presente (todavía no se ha quitado la veda) y que, en el momento en el que el autor escribe la novela, la acción se desarrolla en un período de tiempo que todavía no ha terminado (posiblemente se esté refiriendo a la 'temporada').

11. Se trata de imperfectos en estructuras condicionales, pero referidas al pasado. Incluso podemos pensar, desde un punto de vista del significado, en un cruce condicional-temporal.

12. **Me metí** expresa una acción pasada anterior a otra también pasada (**me vino**). Es un ejemplo claro que ilustra el desuso, aun en la lengua literaria, del pretérito anterior (**hube cantado**). Tiene el sentido de *'Una vez que me hube metido en el pinar ... me vino ...'*.

13. Presentes con valor de mandato, equivalentes a un imperativo (*quédate, vete, déjalas, dile*).

14. Presente habitual. Las formas de presente tienen carácter habitual, acciones que se repiten a diario en este caso.

14.1. La vida del pobre hombre **era** muy sencilla: **se levantaba** antes de que saliera el sol; **se acostaba** dos o tres horas después de su puesta. En el entretanto, él **salía** al campo, **labraba, cavaba, podaba** los árboles, **escardaba, binaba, estercolaba; cohechaba, sachaba, segaba, trillaba, rodrigaba** los majuelos y las hortalizas, **escarzaba** tres o cuatro colmenas ...

14.2. La vida del pobre hombre **será** muy sencilla: **se levantará** antes de que salga el sol; **se acostará** dos o tres horas después de su puesta. En el entretanto, él **saldrá** al campo, **labrará, cavará, podará** los árboles, **escardará, binará, estercolará; cohechará, sachará, segará, trillará, rodrigará** los majuelos y las hortalizas, **escarzará** tres o cuatro colmenas ...

14.3. La vida de pobre hombre **sería** muy sencilla: **se levantaría** antes de que saliera el sol; **se acostaría** dos o tres horas después de su puesta. En el entretanto, él **saldría** al campo, **labraría, cavaría, podaría** los árboles, **escardaría, binaría, estercolaría; cohecharía, sacharía, segaría, trillaría, rodrigaría** los majuelos y las hortalizas, **escarzaría** tres o cuatro colmenas ...

15. En este texto el autor nos narra una serie de acciones por medio de formas verbales del pasado simple, situando así la acción en el pasado (**distinguió, se detuvo, consultaron, reflejaron, se puso** y **desapareció**). Además de estas acciones presenta otras dos en relación con el tiempo que le sirve de base para la narración: **se había precipitado** y **había frenado**; son la expresión de una acción pasada anterior a otra también pasada.
Los dos primeros verbos, también en pasado (**atravesaba** y **había**) son imperfectos descriptivos.

16. Se trata de la narración de dos acciones en pasado simple (**me dormí** y **salí**). Pero antes presenta una acción anterior en relación a las dos pasadas: **había quedado**. La frase final, *cuando llegué se había ido ya*, corresponde a la expresión de una acción pasada (**se había ido**) que es anterior a otra también pasada (**llegué**).

17. Es una narración de un momento determinado del pasado. Para ello, el autor utiliza las formas del pasado simple: **llegó**, **llegó**, **pude**, **se le acercó**, **se le cayó**, **fue**, **recogió**, **se la llevó**.
    La forma verbal en imperfecto (**daba**) es la expresión de un acción continua cuando se realiza otra, marcada, además, por la expresión temporal *a tiempo que*, equivalente a *mientras*.

18. Las dos primeras formas verbales en presente podrían ser la expresión tanto de lo habitual (aunque no tenemos en el contexto ninguna expresión que indique lo cíclico, lo regular, por lo tanto es menos probable) como de la actualidad (= *está saliendo, está recorriendo*), e incluso del llamado presente histórico, con la finalidad de acercar hechos y acontecimientos pasados al presente del hablante, actualizándolos.
    En las tres siguientes (**parece**, **está** y **tiene**), el presente tiene valor descriptivo.
    Los tres siguientes (**entran**, **beben**, **se revuelcan**) tienen el mismo valor que los dos primeros.
    Y la última forma verbal, **está**, tiene valor descriptivo.
    –Si quisiéramos enunciar este texto en pasado, como la expresión de acontecimientos pasados, las formas verbales serían las siguientes: **salió**, **recorrió**, **parecía**, **estaba**, **tenía**, **entraron**, **bebieron**, **se revolcaron**, **estaba**.

19. Todos los imperfectos del fragmento son de carácter descriptivo.

20. La forma verbal **realizó**, pasado simple, expresa el resultado de la "memorización" de un acontecimiento que ha dejado huella en nuestra mente.

21. Tras la descripción del ambiente físico por medio del pretérito imperfecto (con valor descriptivo): **se veía**, **parecía**, **había**, el resultado de una acción pasada que no guarda relación con el presente: **vio**.

22. Se trata del llamado 'imperfecto de apertura', perfectamente sustituible por el pasado simple o pretérito indefinido.

23. En este fragmento periodístico se nos narran una serie de acciones por medio de formas verbales en pasado simple, situando la acción en el pasado (**firmaron**, **encargaron**, **pidieron**), reforzadas por el adverbio *ayer*. En alternancia con ellas, expresando lo mismo, pero como efecto estilístico, con la finalidad de acercar los acontecimientos pasados al momento presente, están las formas **advierten** y **hacen**, con claro valor histórico.

24. Hay una alternancia en el texto de elementos descriptivos y narrativos. Comienza el poema con la descripción de las cualiades del muchacho: **era**, **prometía**, **sacaba**, **era**.
Las dos estrofas siguientes son una sucesión de acciones pasadas sin ningún contacto con el presente del hablante: **le dio**, **quiso**, **tuvo**, **durmió**, **vio**, **amó**, **le amaron**, **pasó**.
La última forma verbal de la tercera estrofa (**había**) responde a las formas verbales anteriores, todas en pasado. Si tuviéramos presentes, por ejemplo, aparecería la forma **hay**.
En la cuarta estrofa sigue la sucesión de acontecimientos pasados (**trató**); y en la última, tras un imperfecto descriptivo (**iba**), la sucesión de acciones en pasado simple vuelve otra vez (**siguió**, **se quedó**).

147

25. La primera forma en imperfecto, **era**, es forma típica de encabezamientos de cuentos, historias, etc. Se trata del llamado 'imperfecto de apertura'. Los cuatro imperfectos siguientes son de carácter descriptivo: **tenía, robaba, compraba, tenía**. Los dos siguientes son la expresión de una acción simultánea (**compraba**) a otra (**le daban**).

A continuación, una vez que el ambiente ha sido creado, comienza la narración de acontecimientos pasados: **fue, le preguntó, le contestó**.

Las formas en pretérito perfecto (**has hurtado** y **he hurtado**) responden a las expresiones temporales *alguna vez* y *nunca*.

Las dos últimas formas (**hago** y **hurto**) en este texto expresan lo habitual (marcado por el adverbio *siempre*).

26. Los presentes de la primera estrofa (**tiene, sonríe, observa, toca, escudriña**) tienen valor actual. El de la tercera estrofa (**sale**) es habitual, señalando un proceso o acción que se repite con regularidad.

La primera forma verbal de la cuarta estrofa (**espera**) es un presente también actual. Las tres siguientes, pertenecientes a la cuarta y quinta estrofas, son presentes en estructuras condicionales: **si** + presente – presente (*si él las toca y las mira, hay...*).

Los presentes de la última estrofa (**vive, dicen**) son 'actuales'.

27. **Describiré**: Forma de futuro que indica la voluntad o la firme resolución del hablante de realizar algo. Las formas verbales siguientes: **se encuentran, corre, entra**, son presentes con valor descriptivo.

28. La primera forma verbal (**están**) es un presente 'actual'. Los dos siguientes forman parte de una estructura condicional: *si anda, se pasa*.

Tiene que seguir: Presente con valor de mandato, que podría ser sustituido por un imperativo: *siga*.

Tiene: Se trata de un presente con valor de futuro, marcado por el sintagma circunstancial *en el crucero* (= *cuando usted llegue al crucero*).

La pregunta en estilo directo en forma de futuro (*¿como cuánto faltará?*) no responde a un tiempo futuro, sino a un futuro de probabilidad, con marcado valor de presente. Como consecuencia del estilo directo, aparece también el verbo *'dicendi'* en pasado simple, como expresión de un acontecimiento pasado sin relación con el presente.

29. Se trata de un fragmento de un diario. Hay que suponer que el autor, al final de la jornada, escribe lo que le ha ocurrido durante el día. En principio, la relación de acontecimientos pasados tiene que tener relación con el presente: el período de tiempo (*hoy*) no ha terminado aún. De ahí la forma **he subido**.

La forma verbal siguiente es un presente con valor de futuro: el autor escribe un 17 de agosto acerca de lo que va a suceder el próximo día 23.

Los dos presentes siguientes tienen un valor actual: **hay**, **aumenta**, **estoy**, e incluso **gustan** y **está**, aunque estos dos últimos podrían tener el valor habitual.

Me estuvo: Tendría que utilizar **me ha estado**, porque el período de tiempo en el que ocurre la acción no ha terminado todavía. Sin embargo, hemos hablado de los cruces entre **canté** y **he cantado**, en ocasiones por razones geográficas; y por cuestiones subjetivas, como es nuestro caso, en otras.

Se cría: presente habitual. **Crecen**, **forma**: presentes habituales. **Tiene**: presente descriptivo. Describe las características de la planta de té silvestre.

30. Presentes 'gnómicos'. Se trata de una definición científica.

31. Este poema de Juan Ramón Jiménez está construido en torno a dos construcciones con forma de futuro en el condicionado, y que podría alternar con el presente; y con presente en el condicionante.

32. **Estarás**: futuro de probabilidad, con valor de presente. **Te saldrás**: Se trata de un futuro referido a una acción futura posterior a otra también futura: *cuando tu sol te llame*.

33. La primera forma verbal (**podrás**), tiene valor de futuro, al igual que la segunda (**llegará**) y la cuarta (**faltará**), que indican que una determinada acción se realizará en un momento determinado del futuro.
    Me aseguró: Es la forma verbal utilizada en la narración de un acontecimiento pasado sin relación alguna con el presente. **Vendría**: Se trata de una forma del potencial o condicional con valor de 'futuro del pasado'. **Cumple**: Presente habitual. **No me atrevo**: Presente actual. **Se excusará** y **afirmará**: futuros que indican la realización de una acción en un momento del futuro. **Está**: Forma de presente en relación a un futuro. Estilo indirecto dependiente de una forma de futuro. En estilo directo lo expresaríamos así: Afirmará: *"Estoy enfermo"*.

34. **Entró** y **se miró**: Formas de la narración de acontecimientos pasados sin ninguna relación con el presente del hablante.
    Se multiplicaba y **arrancaba**: Descripción del ambiente físico por medio de imperfectos descriptivos.
    Le pareció, **cogió** y **se dirigió**: Otra vez continúa con la narración, sin relación con el momento actual.

35. El fragmento es una narración objetiva de acontecimientos pasados, sin ninguna perspectiva actual por parte del hablante: **Hablamos, pude, pude**. Por medio de imperfectos descriptivos (**era, se traducía**) describe el tipo especial de amor del interlocutor.
    Las formas verbales **enviaba** y **cruzaban** son dependientes de otra forma verbal en el pasado. Si hiciéramos depender estos verbos de la forma **traduce**, entonces tendríamos **le envía** y **se cruzan**.

36. **Ha amanecido**: Expresión de una acción pasada en un momento temporal que todavía no ha terminado (*hoy*) y que guarda relación con el presente. **Estaba**: imperfecto descriptivo. **Te acuerdas**: presente actual. **Pasó**: indicador de una acción pasada sin ninguna perspectiva actual por parte del hablante.
Hacía, abrían: dos acciones continuas cuando se realizan otras (**quiso, cantó**). **Era**: imperfecto descriptivo.
Se ha apresurado: Expresión de una acción pasada en un determinado momento de tiempo que no ha terminado aún, y relacionada con el momento presente.
Ha faltado: pretérito perfecto como expresión de acciones nunca realizadas. **Se ha muerto**: expresión de una acción pasada en relación con el presente.
Habrá: Pregunta retórica, sin espera de respuesta. Expresan también la posibilidad.
Bajaremos, lo enterraremos: Expresión de acciones futuras con voluntad de cumplirse por parte del hablante. **Está**: presente actual (*ahora*). **Parecerá**: expresión de una acción futura.
Hemos de ver: Forma con valor de futuro. Es una de las tres formas que se utilizan es español de manera mayoritaria para expresar la noción de futuro, junto al presente y futuro de indicativo. **Se pondrá** y **habrá**: expresión de acciones futuras.

37. Los dos presentes señalados tienen valor histórico. En el contexto aparece claramente señalada la época a la que se refiere: el siglo XVI.

38. El autor nos narra una serie de acciones por medio de la alternancia de presentes y pasados simples (**recogió**). Los presentes (**sale, quedan, tiene, mira, mira**) tienen valor histórico, y son equivalentes al pasado simple. Su significado es el del acercamiento de hechos pasados a nuestro presente, con el fin de revivirlos desde una perspectiva de cercanía.

Había prohibido: señala una acción pasada anterior a otra también pasada.

Amenazaban, era: imperfectos descriptivos. **Osa, se adelanta, descuella**: presentes descriptivos.

En el tercer párrafo se manifiesta la expresión de acciones pasadas sin ninguna relación con el presente del hablante, bien por medio de pasados simples (**aguijaron, salieron, salió, cayó, le besó**) o por medio de presentes (**abraza, toma, estrecha, tocan, anuncian, se juntan, se dirigen, besan**). Además de estas acciones, otras en relación con el tiempo que sirve de base a la narración: **se había refugiado**, expresando la anterioridad a otra acción pasada; **se va, necesita**, expresión de la posterioridad, dependientes del verbo **anunciar**. **Criaban, tenía, estaba**, son imperfectos descriptivos.

En último párrafo, **expira**, con valor actual si situamos la acción en la época medieval. Desde la perspectiva actual, se trata de un presente histórico, al igual que **se despide, se separa, cabalgan, unen** y **sale**. **Va**: presente histórico descriptivo.

39. Todos los presentes del texto son de carácter descriptivo.

40. El fragmento corresponde a una narración de un momento determinado del pasado (en pasado simple: **invitó**), en el que se intercalan elementos descriptivos (en imperfecto: **se asemejaba**).

    En la tercera oración: *"Mientras hablaba ... descendieron..."*, el imperfecto indica una acción continua (**hablaba**) mientras se realizan otras (**arrugó, descendieron**). La última forma verbal, **pertenecía**, es un imperfecto descriptivo.

41. Es una narración en la que se intercalan fragmentos directos: *"¿Quién es?"*, *"Una joven se interesa por ti"*.

    Los pasados simples (**preguntó, explicó, expresó, vio, suplicó, comenzó, aparecieron, descubrió, se desli-**

zó) son la expresión de acciones pasadas sin guardar relación alguna con el presente del hablante. **Escapaba, encendía:** imperfectos descriptivos.

42. El fragmento es una narración objetiva que presenta una sucesión cronológica de acontecimientos pasados, todos ellos en pasado simple.

43. Futuro 'histórico'.

44. Se trata de una narración cronológica de hechos pasados (**quitó, alzó, comenzó, se volvió, asomó, gorgearon, se hizo, se atrevió, bañó, entró**) en la que se intercalan elementos de carácter descriptivo en pretérito imperfecto (**veía, sentíase, pronunciaban**), que también podrían ser interpretados como acciones continuas cuando se realizan otras (**oyó, entendió**).

45. Los pretéritos perfectos indican acciones pasadas que han ocurrido en un período de tiempo que todavía no ha terminado. Los futuros expresan acciones que se predice que ocurrirán en un momento determinado del futuro (mañana), al igual que las formas perifrásticas (*ir a + infinitivo*).

SOLUCIONES A LOS EJERCICIOS. APARTADO C.

1. me llegué; me puse; estaba; cazaba; caí; me tiré; vi; vi; me topé; empezó; se le pusieron; llamé; me acerqué; se incorporó; me miraba.

2. difuminaba; parecían; se condensaba; voló; anunciaban; iban; se apostó; anunció.

3 está; es; llegó; supone; es; presenta; son; fuman; es; inhalan; padecen; son.

4. provocó; fueron; dejó; se produjo.

5. componían; recibe; dejó; han producido; designó; abarcaba; se produjo; cambió; añadió; garantiza; incluye; está; abrieron; puede; es; son; está; hay; cierra; se satura; existen; hay; está; es; traza; busca; despliega; alimentaban; es; se abre; presenta; dan; accede; quedó; está; está; llega; mantuvo; fue; quedaron; llamó; se exiliaron; sigue; termina; es; se encuentra; hay; permite.

6. sienten; es; parece; fue; levantó; discutía; fue; sabe; veneran; remontan; afirman; jugaba; describe; representa; procede; deriva; dio; fue; organizó; disputó; fue; redactó; extendió; fue; acordaron; es; ha conseguido; improvisa; admite.

7. atraparon; acogieron; alimentaron; se avino; pasaba; regresaba; penetraba; se colgaba; se dedicaba; era; enredaba; rompía; se ensuciaba; decidió; trasladaron; dejaron; encontraron; llevó; fueron; regresó; sirvió; eran; tuvo; renunciaron; convivieron.

8. vivían; había; llevaban; eran; estaban; se metía; era; tenía; manifestaba; recordaba; había sido.

9. han ido; nadaban; existen; sabían; llevaría; querían; era; se dio; habían desaparecido; estaban; establecieron; ha seguido; se han limitado; pertenecen; defenderá; constituyen; pertenece.

10. soltaron; lanzaron; se había alineado; había; fue; franjeaba; soplaba; hinchaba.

11. es; es; venían; se comunicaban; habían observado; acierta; aparecerá; había observado; era; sugería; se comprenden; sabemos; se comunican; han identificado; han establecido; descubre; es; es; indica; hay; hay; hay; lleva; es; dan; se encuentra; ejecuta; superan; ejecuta.

12. amaneció; se asomó; había llevado; era; se alzaban; era; habían ido; fue; se afeitó; estuvo; fue; volvió; se lo pasó; se desprendían; caían; sacó; apuntó; comió; hizo; se iban; se colocaba; volaban; estudiaba; hacía; echaba; se llegó; encontró; se doblaba; zumbaban; borboteaba; miraba; pasó; entró; se limitó; jugaban; asomaba; hablaba; soltó; volvió; alargaba; subió; se sentó; dijo; he pensado; he pensado; debemos; debemos; he perdonado; ha golpeado; presento.

13. esperó; condujo; había; se enredaban; mantenía; pasaron; escribía; vadearon; penetraron; había; desmontaron; condujo; se vieron; iba; encontró.

14. evaporan; escapan; producen; están; están; forman; corren; recuerda; brilla; explica; existen; organizan; son; se obtiene; utiliza; determina; usa; aporta; usa; son; producen; son; son; poseen; recuerda; es; aporta; están; se consume; es; tiene; dan; explican; están; es; poseen; es.

15. vivía; entraba; estaba; había; tenía; había; se abría; vivía; era; había; era; estaba; había; tenía; tenía; había; eran; había; había; era.

16. conducía; iba; circulaba; podía; se suavizó; aparecieron; ocupaban; se dejaban; se contagiaban; dejaban; iba; formaban; adentraba; podía; adivinaba; consideraba; habrían; se preguntaba; resultaría; habían propiciado; volvió; aparcó.

17. rascó; conservaba; se bajó; tenía; dio; frotó; lió; echó; encendió; se restregó; cogió;

18. era; era; tenía; estaba; decían; miraba; vestía; era; hablaba; sabía.

19. se prendará; hará; hará; tendrás; deseas; estarás; has nacido; dirás; darás.

20. irás; está; es; contarás; levantarás; tiene; verás; quitarás; desquiciarás; aparecerá.

BIBLIOGRAFÍA SELECTA

ALARCOS LLORACH, E.: "Sobre la estructura del verbo español", en *B.B.M.P.*, XXV, 1949 (pp. 50-83).

ALCINA FRANCH, J. y J. M. BLECUA: *Gramática española*. Barcelona, Ariel, 1975.

ALONSO MORO, J.: *Verbos españoles*. Madrid, Difusión, 1989.

ALSINA, R.: *Todos los verbos castellanos conjugados*. Barcelona, Teide, 1969.

BORREGO, J., J. J. GÓMEZ, E. PRIETO: *Temas de gramática española*. Salamanca, Universidad, 1984.

CAMPS SARRO, F.: *La conjugación del verbo español. Lista alfabética de los verbos irregulares*. Barcelona, Herder, 1965.

CELORIO PUENTE, M.: *A Complete Treatise on the Conjugation of Spanish Verbs*. New York, D. Mackay, 1960.

FERNÁNDEZ, J. SILES, R. FENTE: *Curso intensivo de español: Gramática*. Madrid, Edi 6/Edelsa, 1986.

FERNÁNDEZ RAMÍREZ, S.: *Gramática española. 4. El verbo y la oración*. Madrid, Arco Libros, 1986.

GARCÍA ELORRIO, A.: *Diccionario de la conjugación*. Buenos Aires, Kapelusz, 1953.

GARCÍA SANTOS, J.F.: *Español: Curso de perfeccionamiento*. Salamanca, Universidad, 1988.

HERNÁNDEZ ALONSO, C.: *Gramática funcional del español*. 2ª ed. Madrid, Gredos, 1986.

KEMPIN, C. C.: *Verbos españoles conjugados sin abreviación*. Lausanne, 1972.

159

KENDRIS, Ch.: *Dictionnaire de 201 verbes espagnols conjugués à tous les temps et á tous les personnes*. New York, 1969.

LAMIQUIZ, V.: "El sistema verbal del español actual. Intento de estructuración", en *Revista de la Universidad de Madrid*, XVIII, 1969 (pp. 241-265).

LAZARO CARRETER, F. y V. TUSON: *Lengua española*. Salamanca, Anaya, 1992.

LAZATTI, S.: *Diccionario del verbo castellano: cómo se conjugan todos los verbos españoles y americanos*. Buenos Aires, Sopena, 1962.

–: *Prontuario completo de la conjugación castellana*. México, 1963.

LORENZO, E.: "Un nuevo planteamiento del estudio del verbo español", en *Presente y futuro de la lengua_española*, I. Madrid, 1964 (pp. 471-478).

MARSA, F.: *Diccionario normativo y guía práctica de la lengua española*. Barcelona, Ariel, 1990.

MATTE BON, Francisco: *Gramática comunicativa del español. I. De la lengua a la idea. II. De la idea a la lengua*. Madrid, Difusión, 1992.

MATEO, F. y ROJO SASTRE, A. J.: *El arte de conjugar en español*. París, Hatier, 1984.

MEL'ČUK, Igor: "Modelo formal de la conjugación española", en *Voz y Letra*, n° 1, 1993 (pp. 9-85).

MEZA, T. J.: *La conjugación de los verbos castellanos*. Santiago de Chile, 1954.

MILLARES, S. y A. CENTELLAS: *Método de español para extranjeros*. Madrid, Edinumen, 1993.

MUÑOZ, A.: "Estudio elemental de los verbos regulares e irregulares", en *Boletín de la Academia Venezolana*, XX, 1952 (pp. 5-128).

ORO, C.: "¿Son válidos los conceptos de regularidad e irregularidad aplicados al castellano?", en *R.S.E.L.*, VIII, 1978 (pp. 361-371).

PASADOPOL, M.: "Tipos de flexión según las formas sincréticas", en *L.E.A.*, VI,1984 (pp. 29-37).

PORTO DAPENA, José A.: *El verbo y su conjugación*. Madrid, Arco Libros, 1987.

–: *Tiempo y formas no personales del verbo*. Madrid, Arco Libros, 1989.

PRADO, E.: "El verbo: verbos irregulares, reglas de desviación, reglas básicas y gráficas", en *Yelmo*, 10, 1973 (pp. 27-29).

–: "Clases de verbos irregulares y verbos de irregularidad peculiar", en *Yelmo*, 11, 1973 (pp. 30-31).

R. A. E.: *Esbozo de una nueva gramática de la lengua española.*
Madrid, Espasa Calpe, 1973.
REYES, M.L.: *Monografía sobre la conjugación española de los verbos irregulares.* México, 1953.
ROCA PONS, J.: "Estudio morfológico del verbo español", en *R.F.E.,* XLIX, 1966 (pp. 73-89).
SÁNCHEZ, A., E. MARTÍN, J.A. MATILLA: *Gramática práctica de español para extranjeros.* Madrid, SGEL, 1980.
SECO, M.: *Diccionario de dudas y dificultades de la lengua española.* 9ª ed. renovada. Madrid, Espasa Calpe, 1986.
WEINRICH, H.: *Estructura y función de los tiempos en el lenguaje.* Madrid, Gredos, 1968.

EDICIONES COLEGIO DE ESPAÑA

COLECCIÓN PROBLEMAS FUNDAMENTALES DEL ESPAÑOL

1. *Ricardo Navas Ruiz*
   EL SUBJUNTIVO CASTELLANO (208 páginas). Agotado.
2. *Ricardo Navas Ruiz y Victoria Jaén Andrés*
   SER Y ESTAR LA VOZ PASIVA (96 páginas). Agotado.
3. *Teófilo Sanz y Alicia H. Puleo*
   LOS PRONOMBRES PERSONALES (92 páginas).
4. *Sigifredo Repiso*
   LOS POSESIVOS (109 páginas).
5. *María Rosa Asenjo Orive*
   LOS DEMOSTRATIVOS (116 páginas).
6. *José Alberto Miranda*, Profesor de la Universidad de Castilla-la Mancha
   USOS COLOQUIALES DEL ESPAÑOL (168 páginas).
7. *José Alberto Miranda*, Profesor de la Universidad de Castilla-La Mancha
   LA FORMACIÓN DE PALABRAS EN ESPAÑOL (242 páginas).
8. *María Ángeles Sastre*, Universidad de Valladolid
   EL INDICATIVO (162 páginas)

OTRAS COLECCIONES

Últimos libros publicados:

- *César Hernández Alonso*, Universidad de Valladolid
  NUEVA SINTAXIS DE LA LENGUA ESPAÑOLA.
- *Carlos Reis*, Universidad de Coimbra
  COMENTARIO DE TEXTOS. FUNDAMENTOS TEÓRICOS Y ANÁLISIS LITERARIO.
- *M.ª Carmen África Vidal Claramonte*, Universidad de Salamanca
  TRADUCCIÓN, MANIPULACIÓN, DESCONSTRUCCIÓN.
- *R. Navas Ruiz, José M.ª Alegre y Pedro L. López*
  ESPAÑOL AVANZADO. ESTRUCTURAS GRAMATICALES. CAMPO LÉXICO
- *Antonio M. Momplet*, Universidad Complutense de Madrid
  LA ARQUITECTURA ROMÁNICA EN CASTILLA LEÓN.
- *Concepción Abad y Eduardo Carrero*, Universidad Autónoma de Madrid
  LA CATEDRAL DE AVILA.
- *Carlos Reis*
  DICCIONARIO DE NARRATOLOGÍA
- POETAS ESPAÑOLES DE LOS CINCUENTA. ESTUDIO Y ANTOLOGÍA
  Edición de *Ángel Luis Prieto de Paula*, Universidad de Alicante.
- LAZARILLO DE TORMES
  Edición de *Florencio Sevilla Arroyo*, Universidad Autónoma de Madrid
- *Pablo Neruda*
  VEINTE POEMAS DE AMOR Y UNA CANCIÓN DESESPERADA
  Edición de *Gabriele Morelli*, Universidad de Bergamo.
- *James Joyce*
  A PORTRAIT OF THE ARTIST AS A YOUNG MAN
  Edición de *José Antonio Álvarez Amorós*, Universidad de Alicante.
- *Joseph Conrad*
  HEART OF DARKNESS
  Edición de *Antonio R. Celada*, Universidad de Salamanca